# कवि अज्ञेय

[आलोचना]

# कवि अज्ञेय

नंदकिशोर नवल

राजकमल प्रकाशन

ISBN : 978-81-267-2817-6

**मूल्य** : ₹ 300



**पहला संस्करण** : 2016

**प्रकाशक** : राजकमल प्रकाशन प्रा. लि.
1-बी, नेताजी सुभाष मार्ग, दरियागंज
नई दिल्ली-110 002

**शाखाएँ** : अशोक राजपथ, साइंस कॉलेज के सामने, पटना-800 006
पहली मंजिल, दरबारी बिल्डिंग, महात्मा गांधी मार्ग, इलाहाबाद-211 001
36 ए, शेक्सपियर सरणी, कोलकाता-700 017

वेबसाइट : www.rajkamalprakashan.com
ई-मेल : info@rajkamalprakashan.com

**मुद्रक** : बी.के. ऑफ सेट
नवीन शाहदरा, दिल्ली-110 032

KAVI AJNEYA
*Criticism by* Nandkishore Nawal

अज्ञेय को
जिन्होंने स्नेहवश मुझे
अपने पास बुलाया
किंतु मैं अज्ञानवश
जिनसे दूर रहा

# दो शब्द

बीसवीं शताब्दी के छठे से लेकर सातवें दशक के पूर्वार्ध तक अज्ञेय नई पीढ़ी के सर्वाधिक लोकप्रिय कवि थे। उनकी प्रत्येक कविता हमलोग ढूँढ़-ढूँढ़कर पढ़ते थे और आपस में उन पर चर्चा करते थे। लेकिन उनके उत्तरवर्ती काव्य में जब रहस्यवाद झाँकने लगा और उसकी भाषा में पहलेवाला आभिजात्य नहीं रहा, तो नई पीढ़ी का ध्यान उनकी तरफ से हट गया।

उधर हिंदी कविता का परिदृश्य भी बदलने लगा था। धूमिल और राजकमल चौधरी सभी मूल्यों का ध्वंस करने पर लगे थे। धूमिल के मन में फिर भी एक आदर्श जनतंत्र की कल्पना थी, पर राजकमल पूर्ण व्यक्ति-स्वातंत्र्य के कायल थे। दोनों ने हिंदी कविता की भाषा को भी एकदम तोड़-फोड़ दिया और उसमें एक अज्ञेय-विरोधी वातावरण तैयार किया।

आज जब सब कुछ को गुजरे काफी दिन हो गए हैं और हम संपूर्ण छायावादोत्तर काव्य को एक नए परिदृश्य में रखकर देखते हैं, तो पता चलता है कि अज्ञेय का उत्तरवर्ती काव्य कविता को एक नए धरातल पर पहुँचाने का उनका प्रयास था। जहाँ तक रहस्यवाद की बात है, यह कवि की जैविक और मानसिक बनावट पर निर्भर है, जिसे अस्वीकार नहीं किया जा सकता। रहस्यवाद हमारी परंपरा भी है, जो संपूर्ण हिंदी काव्य को एक नया आयाम देता है।

निस्संदेह आज यह स्पष्ट है कि हिंदी कविता को अज्ञेय का प्रदेय बहुत मूल्यवान् है। उसे रेखांकित करना ही इस पुस्तक का

उद्देश्य है। इसके दो लेख पहले के लिखे हुए हैं—'असाध्य वीणा' और 'हरी घास पर क्षण भर', जिस कारण उनकी पद्धति किंचित् भिन्न हो सकती है।

इस पुस्तक को लिखाते समय मुझे बार-बार अपने मित्र सिद्धिनाथ मिश्र का स्मरण होता रहा, जिन्होंने मुझे अज्ञेय की कविताओं से परिचित कराया था। जब वे काशी हिंदू विश्वविद्यालय के छात्र थे, तो उन्हें त्रिलोचन, डा. नामवर सिंह और डा. केदारनाथ सिंह का साहचर्य प्राप्त था। इस कारण उन्होंने मुझे बहुत कुछ नया बतलाया और नई दिशा में बढ़ने के लिए प्रेरित किया।

प्रस्तुत पुस्तक की रचना में जिन अन्य बंधुओं का प्रत्यक्ष-अप्रत्यक्ष योगदान रहा है, वे हैं प्रो. तरुण कुमार, भारत भारद्वाज, डा. योगेश, संजय शांडिल्य, डा. राकेश रंजन, मनोज कुमार झा (हाजीपुर) और तरुण समीक्षक एवं कवि अरुण नारायण, जिन्होंने इसका 'डिक्टेशन' लिया है। ये सभी मेरे धन्यवाद के पात्र हैं। डा. विनय कुमार का पहले की तरह ही मुझ पर प्रेम बना रहा है। उनका मैं हृदय से आभारी हूँ। इत्यलम्।

**नंदकिशोर नवल**

301, राजप्रिया अपार्टमेंट
बुद्धा कॉलोनी, पटना-800001

# अनुक्रम

धूप
—माँ की हँसी के प्रतिबिंब-सी शिशु-वदन पर—
हुई भासित
नए चीड़ों से कँटीली पार की गिरि-शृंखला पर :

गीति :

मन, पर, वेदना के बिना
तर्कातीत, बस स्वीकार से ही सिहर कर
बोला :
'नहीं, फिर आना नहीं होगा।'

**—सूर्यास्त**

# कवि अज्ञेय

# क्या करें, कहाँ जायँ?

डा. रामस्वरूप चतुर्वेदी ने लिखा है कि आधुनिक युग हिंदी साहित्य में दो बार आया है। एक बार भारतेंदु हरिश्चंद्र के माध्यम से और दूसरी बार अज्ञेय के माध्यम से। यदि साहित्य की अन्य विधाओं को छोड़ दें और केवल कविता को लें, तो यहाँ प्रश्न उठता है कि बीच के छः दशकों के बृहत् अंतराल में कवि-गण क्या करते रहे? क्या वे केवल लीक पीटते रहे, यानी गतानुगतिक बने रहे, या उन्होंने हिंदी कविता को अपना मौलिक योगदान भी दिया? स्मरणीय है कि उन कवियों में बड़े-बड़े नाम हैं, यथा श्रीधर पाठक, मैथिलीशरण, प्रसाद, निराला, माखनलाल, नवीन, बच्चन, दिनकर और नागार्जुन। श्रीधर पाठक ने रोमांटिकों के पूर्ववर्ती गोल्डस्मिथ के काव्यों का अनुवाद कर हिंदी में 'सच्चे स्वच्छंदतावाद' का प्रवर्तन किया, जिसके पीछे शिष्टजनों की रूढ़ भाषा को लोक की जीवंत भाषा से जोड़कर उसमें नई जान फूँकना था। मैथिलीशरण ने बहुत ही विस्तृत फलक पर रखकर सामाजिक, सांस्कृतिक और राष्ट्रीय कविता लिखी। छायावाद के प्रति आचार्य रामचंद्र शुक्ल बहुत उदार नहीं थे, तथापि उन्होंने स्वीकार किया है कि द्विवेदीयुगीन इतिवृत्तात्मकता की प्रतिक्रिया में वह कविता में पद-लालित्य, कल्पना की उड़ान, भाव की वेगवती व्यंजना, वेदना की विवृत्ति, शब्द-प्रयोग की विचित्रता आदि देखने की क्रमशः बलवती होती जाती आकांक्षा का परिणाम था।

छायावादी कवियों में सबसे व्यापक दृष्टि प्रसाद की थी। उन्होंने 'कामायनी' के इड़ा सर्ग में सामंतवाद और पूँजीवाद की मिलीभगत से जनता के उत्पीड़न का क्रांतिदर्शी चित्रण किया। बच्चन ने छायावादी कविता को कल्पना के आकाश से उतारकर घर-परिवार की कविता बना दिया और उसकी भाषा भी

वैसी ही सरल और आत्मीयतापूर्ण कर दी। माखनलाल और नवीन की परंपरा में दिनकर अपनी कविता से देश की स्वाधीनता के लिए आत्मबलिदान की भावना को पूरी ओजस्विता से प्रेरणा देते थे, यद्यपि उनकी कविता का एक अन्य पक्ष भी था, जिसमें वे मनुष्य के रागात्मक भावों का उतने ही वेग से संप्रेषण करते थे। जहाँ तक नागार्जुन की बात है, उन्होंने हिंदी कविता में वर्ग-भावना का समावेश कराया और उसमें रोजमर्रे की राजनीति को लाकर हिंदी कविता को बहुवर्णी बना दिया। लेकिन डा. चतुर्वेदी के लिए इन कवियों का कोई महत्त्व नहीं है। वे इस बात को समझने में असमर्थ थे कि कोई कविता सरल रेखा में नहीं चलती। उसमें अनेक घुमाव और मोड़ ही नहीं होते, जोड़ भी होते हैं। प्रवहमान धारा में लहरें कभी परस्पर मिलती हुई और कभी परस्पर टकराती हुई आगे बढ़ती हैं और उसमें दूसरी नदियों का जल भी आकर मिलता रहता है। इसके अलावा प्रत्येक कविता अपनी पूर्ववर्ती कविता का प्रभाव लेकर भी चलती है और उसमें भावी कविता का पूर्वाभास भी निहित होता है। पं. विश्वनाथ प्रसाद मिश्र-जैसे पुराने खेवे के विद्वान् ने यह बहुत सटीक बात कही है कि प्रत्येक युग की कविता की कड़ी पिछले युग की कविता के गर्भ से जुड़ती है।

प्रसाद का जिक्र ऊपर किया जा चुका है। हम निराला पर अपनी दृष्टि केंद्रित करें, जिनकी कविता में कई प्रस्थान देखने को मिलते हैं। उन्होंने छायावाद में बौद्धिकता का संचार किया और उसमें 'तुलसीदास', 'सरोज-स्मृति' तथा 'राम की शक्ति-पूजा'-जैसी क्लासिकी महत्त्व की कविता लिखकर उसे शिखर पर पहुँचा दिया। पुनः ध्यातव्य है कि ये तीनों ही महान् कविताएँ उनकी छायावादी कविता के ही शीर्ष-बिंदु हैं। अब बदलती हुई वास्तविकता के संदर्भ में उनमें छायावाद की प्रतिक्रिया शुरू हुई। चूँकि उनका काव्य-विकास अत्यंत संश्लिष्ट है, इसलिए अपने दूसरे प्रस्थान में वे एक ओर 'बेला' की रहस्यात्मक कविताएँ भी लिखते रहे और दूसरी ओर 'अणिमा' के अंतिम भाग की कविताओं में यथार्थ का चित्रण भी करते रहे। इसकी परिणति उनके काव्य 'कुकुरमुत्ता' में हुई, जो संकीर्णतावादी प्रगतिशील प्रवृत्ति के विरुद्ध लिखी गई है, जबकि वे स्वयं भी प्रगतिशील थे, यद्यपि उनकी प्रगतिशीलता किसी विचारधारा की अपेक्षा परवर्ती सामाजिक स्थिति और जनसाधारण के हित से जुड़ी थी। छायावाद के प्रति सबसे उग्र प्रतिक्रिया उन्होंने 'नए पत्ते' की आरंभिक कविताओं में की। इसी समय उन्होंने जानकीवल्लभ शास्त्री को अपना वह प्रसिद्ध पत्र लिखा था,

जिसमें यह कहा था कि 'एक रोज दिल में आया जो कुछ पद्य-साहित्य में लिखा है उसका उल्टा लिख डालूँ।' अज्ञेय ने भी 'दूसरा सप्तक' की भूमिका में परिवर्तित वास्तविकता के अनुरूप राग-प्रणालियों को भी बदलने की बात कही है। यह बात सही है, पर यह समझना गलत है कि भारतेंदु के बाद के कवि-गण केवल परंपरा के अनुसार आचरण करते रहे और अज्ञेय के पीछे छायावाद की प्रतिक्रिया-जन्य कोई परंपरा नहीं थी।

अज्ञेय के प्रति आलोचनात्मक दृष्टि डा. रामविलास शर्मा से भी ज्यादा मुक्तिबोध रखते थे। उन्होंने आधुनिक-बोध का प्रयोग सर्वत्र अस्तित्ववाद के अर्थ में किया है, जिससे अज्ञेय की कविता का कोई संबंध नहीं था। दूसरे, उन्होंने उनकी एक पंक्ति 'तुम नहीं व्याप सकते; तुममें जो व्यापा है/उसी को निबाहो', का विकृतीकरण कर उनके व्यक्तित्व को गुहावासी करार दिया है। उन्होंने उक्त पंक्ति का ठीक-ठीक अर्थ समझने का कोई प्रयास नहीं किया। अज्ञेय इस पंक्ति में व्यक्तिवाद या अहंवाद का विरोध करते हुए साफ-साफ कहते हैं कि अहंवाद के प्रसार की तुम्हारी चेष्टा व्यर्थ है। जो निरहं तुम्हारे भीतर व्याप्त है, उसी में अपने को लय कर देने में तुम्हारी चरम सार्थकता है। कुछ पाठक कहेंगे कि यह तो रहस्यवाद हुआ और उसका विरोधी होने के कारण मुक्तिबोध ने उचित ही इस दर्शन का विरोध किया है। अज्ञेय के रहस्यवाद पर हम स्वतंत्र रूप से विचार करेंगे। यहाँ सिर्फ इतना जान लेना काफी है कि यह दर्शन जर्मन दार्शनिक नीत्शे के सिद्धांत 'सत्ता की कामना' के विरुद्ध है। अंतिम बात यह कि अपनी कविता को ध्यान में रखकर मुक्तिबोध ने 'जड़ीभूत सौंदर्यानुभूति'-जैसे पद की रचना की और अज्ञेय को उसका शिकार बतलाकर उन पर पूरी पीढ़ी को गुमराह करने का आरोप लगाया। क्या कविता में जो 'सौंदर्यानुभूति' होती है, वह एक ही तरह की होती है और दूसरे प्रकार की 'सौंदर्यानुभूति' जड़ीभूत होती है? पूछा जा सकता है कि अज्ञेय की सौंदर्यानुभूति कैसे जड़ीभूत थी? क्या वह छायावादी कवियों की सौंदर्यानुभूति थी, जिसे इतना निचोड़ा गया था कि सीठी-मात्र शेष रह गई थी? मुक्तिबोध का ध्यान शमशेर की ओर क्यों नहीं गया, जो एक साथ उनकी, नागार्जुन, त्रिलोचन और स्वयं अज्ञेय की सौंदर्यानुभूति के कायल थे। ऐसी व्यापक दृष्टि का परिचय उन-जैसे महान् कवि ने क्यों नहीं दिया? क्या अपने को स्थापित करने के लिए दूसरे का मूलोच्छेद आवश्यक है? क्या यह भी साहित्य का एक नियम है? बहरहाल।

कभी नरेंद्र शर्मा ने छायावाद को दो महायुद्धों के बीच की कविता कहा था। यदि इस कथन के मर्म तक पहुँचा जाए, तो पता चलेगा कि छायावाद पर प्रथम विश्वयुद्ध का प्रभाव तो पड़ा था, लेकिन द्वितीय विश्वयुद्ध का नहीं। प्रथम विश्वयुद्ध में अंग्रेजों ने भारत को अपने वादे के मुताबिक आजादी न देकर विश्वासघात किया था, फलतः भारत के स्वतंत्रता-संग्राम में वह दौर आया, जिसे डा. शर्मा उग्रता भरा दौर कहते हैं। स्वभावतः छायावाद 'व्यक्ति-स्वातंत्र्य' की कविता कहा जाता है। इसमें कवि कविता की अनेक परंपराओं से जो रुढ़ि बन चुकी थी, मुक्त होता है। अब न विषय की कोई सीमा रह जाती है, न अभिव्यक्ति की। कल्पना आजाद होकर आकाश में लबी उड़ानें भरने लगती है और कवियों तथा पाठकों के सामने सौंदर्य का एक नया संसार उद्‌घाटित होता है। लेकिन द्वितीय विश्वयुद्ध के काल में और उसके बाद उन कवियों का सौंदर्य-स्वप्न भंग हो जाता है और वे छायावाद से निकलकर ऐसे यथार्थ की कविता लिखने लगते हैं, जिसकी आशा उनसे नहीं की जाती थी। यहाँ निराला का नाम लेना ही पर्याप्त होगा। बाद में उनमें छायावाद के प्रति प्रतिक्रिया के तत्त्व कम होते हैं और वे नए यथार्थ की एक नई कविता लिखकर कवियों का मार्गदर्शन करते हैं, पर यह सच है कि बहुत दिनों तक वे युद्धजनित यथार्थ से तिलमिलाते हुए अपने सौंदर्य-स्वप्न की धज्जियाँ उड़ाते रहते हैं।

पश्चिम के विद्वानों ने युद्धोत्तर काव्य को 'आधुनिक काव्य' के नाम से अभिहित किया है और कहा है कि इस काल में नीत्शे, कार्ल मार्क्स और फ्रायड के प्रभाव से आधुनिक कवि प्रेरित और संचालित होते रहे। युद्धोत्तर हिंदी कविता पर अहंवाद के विरोध के रूप में नीत्शे का प्रभाव या प्रतिक्रिया ढूँढा जा सकता है, लेकिन उस पर मार्क्स का प्रभाव अत्यंत स्पष्ट है। वह निराला और पंत ('युगवाणी' और 'ग्राम्या') में ही नहीं दिखलाई पड़ता, कथित उत्तर-छायावादी कवि दिनकर, नरेंद्र शर्मा और शिवमंगल सिंह 'सुमन' में भी दिखलाई पड़ता है। प्रगतिशील कवियों की नई पीढ़ी, जिसके मुख्य सदस्य शमशेर, केदार, नागार्जुन, त्रिलोचन और मुक्तिबोध हैं, मार्क्सवादी विचारधारा से प्रतिबद्ध होकर आगे बढ़ी। शमशेर और मुक्तिबोध की शैली विशिष्ट थी, इसलिए उन्हें देर से समझा गया, लेकिन वे भी उसी दस्ते के अगुआ कवि थे। फ्रायड का बहुत हलका-सा प्रभाव दिखलाई पड़ता है, अज्ञेय की कुछ आरंभिक कविताओं में, जिसके लिए उन्होंने 'तारसप्तक' के अपने वक्तव्य में यह दृढ़ता से कहा था कि

'आधुनिक युग का साधारण व्यक्ति यौन-वर्जनाओं का पुंज है।' मैं इस प्रसंग को छोड़कर मुख्य बिंदु पर आता हूँ।

## 2

'तारसप्तक' में अज्ञेय की एक कविता है 'उषःकाल की भव्य शांति'। इसमें अंकित तीन चित्रों को छायावाद की प्रसिद्ध कविता 'प्रथम रश्मि' के बरअक्स रखकर देखना चाहिए–

*1. दूर किसी मीनार-क्रोड़ से मुल्ला का*
*एकरूप पर अनेक भावोद्दीपक*
*गंभीर आऽह्वाऽन–*
*'अस्सला तु ख़ैरुम्मिनिन्नाऽ'–*

*2. निकट गली में*
*किसी निष्करुण जन से बिन-कारण पदाक्रांत*
*पिल्ले की करुण रिरियाहट–*

*3. पार गली के छप्पर-तल में*
*शिशु का तुनक-तुनक कर रोना, मातृ-वक्ष को आतुर*

एक बात मैं यहीं कह देना चाहता हूँ कि अज्ञेय की मुक्तछंद की कविताओं में विराम का बहुत महत्त्व है। जहाँ उसकी जरूरत हो, वहाँ थोड़े ठहराव के बाद आगे बढ़ने पर ही कविता की लय मिलती है। कहीं-कहीं तो वे मुक्तछंद की कविता में नितांत गद्यात्मक पंक्तियाँ रख देते हैं। इससे दो बातें होती हैं। एक तो यह कि उसकी लय सपाट होने से बच जाती है और दूसरी यह कि कविता और गद्य के बीच उत्पन्न तनाव अभिव्यक्ति में एक नवीन सौंदर्य ला देता है। इन पंक्तियों को देखें–

*उषःकाल*
*उषःकाल की रहस्यमय*
*भव्य शांति!*

अंतिम पंक्ति के अंत में आनेवाला विस्मयादिबोधक चिह्न उस शांति का विद्रूप बनाने में पूर्णतः समर्थ है। इस दृष्टि से नलिनविलोचन शर्मा की 'नकेन' (1) में दी गई कविता 'प्रत्यूष' उल्लेखनीय है, जो बिना किसी अतिरेक के आज के प्रभात-काल से हमें परिचित कराती है। कोई शोर-शराबा नहीं है, सिर्फ छायावादी प्रभात-काल की बगल में नए प्रभात-काल के चित्र को रख दिया गया है।

'शिशिर की राका-निशा' शीर्षक कविता में अज्ञेय ने संपूर्ण हिंदी कविता के इतिहास को बहुत विकृत ढंग से पेश किया है। इसमें वे कहते हैं—

*गा गया सब राजकवि, फिर राजपथ पर खो गया।*
*गा गया चारण, शरण फिर शूर की आकर,*
*निरापद सो गया।*
*गा गया फिर भक्त, ढुलमुल चाटुता से*
*वासना को झलमला कर*
*गा गया अंतिम प्रहर में वेदना-प्रिय अलस, तंद्रिल,*
*कल्पना का लाड़ला*
*कवि निपट भावावेश से निर्वेद!*

स्पष्टतः यह मूल्यांकन नहीं, हिंदी कविता के प्रति प्रतिक्रिया है, जो राजकमल की इस प्रतिक्रिया की याद दिलाती है कि कालिदास से लेकर आज तक की कविता में जीवन-यथार्थ को छिपाया गया है। उसकी अभिव्यक्ति तो पहली बार उनकी पीढ़ी के कवि कर रहे हैं। यह भी मूल्यांकन नहीं है, बल्कि अपनी पीढ़ी को स्थापित करने का प्रयास है। हिंदी का कौन प्रबुद्ध पाठक यह मानेगा कि राज्याश्रय प्राप्त वीरगाथा-काल के सारे कवि चारण थे, भक्तिकाल के कवि ईश्वर की चाटुकारिता करते हुए हमारी काम-भावना का उद्रेक कर रहे थे और छायावादी कवि एक सिरे से भावशून्य थे! मुक्तिबोध का प्रसाद के संबंध में यह कथन यहाँ द्रष्टव्य है कि उनके प्रत्येक संवेदन में चिंतन के कण थे। ध्यातव्य यहाँ 'चिंतन' नहीं, बल्कि 'संवेदन' है। 'तार सप्तक' में ही भारतभूषण अग्रवाल की एक कविता है 'अपने कवि से', जो वस्तुतः छायावादी कवियों को संबोधित है। उसमें उन्होंने उनसे कहा है : 'तू सुनता रहा मधुर नूपुर-ध्वनि यद्यपि बजती थी चप्पल'।

हिंदी में आलोच्य विषय का पूरा अध्ययन करके कुछ लिखने का रिवाज नहीं है। विद्वत्-गण इधर-उधर से ताक-झाँक कर पूरा लेख लिख डालते हैं। इसका अपवाद अज्ञेय भी नहीं हैं। उन्होंने 'द विश्व-भारती क्वार्टरली' के 1937 के अगस्त अंक में 'मॉडर्न (पोस्ट-वार) हिंदी पोएट्री' शीर्षक अपना चर्चित लेख लिखा था, जिससे पूरे-अधूरे रूप में लोग परिचित हैं। उसमें उन्होंने निराला के बारे में कहा था कि "उनकी कलात्मक योग्यता उनके दंभ के कारण सही रास्ते से भटक गई है। उन्होंने मौलिक बनने के कमोबेश जान-बूझकर किए गए प्रयास में अपनी कविता की बलि दे दी है।" निराला ने कठोर रूपवाद से कविता को मुक्त करने का प्रयास किया, इसके लिए उन्होंने उन्हें श्रेय दिया है और अंत में लिखा है 'इसके अलावा उनमें कोई अच्छाई नहीं—और एक साहित्यिक शक्ति के रूप में, जैसे भी देखें, निराला मृत हैं।' इस समय तक उनकी तीनों महान् कविताएँ—'तुलसीदास', 'सरोज-स्मृति' और 'राम की शक्ति-पूजा' पत्र-पत्रिकाओं में प्रकाशित हो चुकी थीं, लेकिन उन पर अज्ञानपूर्ण टिप्पणी करने के पहले अज्ञेय ने उन्हें देखना जरूरी नहीं समझा। उनके संस्मरणों के संग्रह 'स्मृति-लेखा' में निराला का भी एक संस्मरण संकलित है। उसमें उन्होंने लिखा है कि " 'विश्व भारती' पत्रिका में मेरा एक लंबा लेख छपा था। आज यह मानने में भी मुझे कोई संकोच नहीं है कि उसमें निराला के साथ घोर अन्याय किया गया था।" उनके बारे में उनके विचारों में पूरा परिवर्तन उनकी रचना 'तुलसीदास' पढ़ने के बाद हुआ। 'तुलसीदास' के बारे में उन्होंने जो कुछ कहा है, उसे भी संक्षेप में देख लेना चाहिए : "तुलसीदास जब-जब पढ़ने बैठता हूँ तो इतना ही नहीं कि एक नया संसार मेरे सामने खुलता है, उससे भी विलक्षण बात यह है कि वह संसार एक ऐतिहासिक अनुक्रम में घटित होता हुआ दीखता है। मैं मानो एक स्थिर चित्र नहीं बल्कि एक जीवंत चलचित्र देख रहा होता हूँ।"

पूर्वोक्त कविता में अज्ञेय ने राका-निशा की शांति में अपने निकट, निकटतर और निकटतम के तीन चित्र अंकित किए हैं, जिनमें से दूसरा चित्र बहुधा उद्धृत किया गया है। उसे मैं भी नीचे दे रहा हूँ :

*निकटतर-धँसती हुई छत, आड़ में निर्वेद*
*मूत्र-सिंचित मृत्तिका के वृत्त में*
*तीन टाँगों पर खड़ा नत-ग्रीव*
*धैर्यधन गदहा।*

'जयतु हे कंटक चिरंतन!' में उन्होंने छायावादी कवियों के प्रति अपने चरम आक्रोश और घृणा का प्रदर्शन किया है। उस पर कोई टिप्पणी दरकार नहीं है, पर आपके लिए उन पंक्तियों को देखना जरूरी है—

*बिछ गए हैं रबड़ के ये छंद ज्यों शैतान की हों आँत,*
*हैं प्रतीक्षा के पुलक में कवि सभी अपने निपोरे दाँत*
*तालियाँ हो, गालियाँ हो, चप्पलों की मार, घूँसे-लात,*
*महाबल हे काव्य-रजनी के निशाचर, जय सदा जय हो।*

लेकिन निराला की तरह अज्ञेय में भी छायावाद की प्रतिक्रिया बहुत दिनों तक नहीं टिकी और वे नई शैली में प्रकृति से लेकर प्रेम तक की नए सौंदर्य-बोध से युक्त कविताएँ लिखने लगे, जिन्हें हम यथास्थान देखेंगे। ज्ञातव्य है कि ऐसी कविताएँ 'तार सप्तक' में भी हैं। अभी उनकी परिवर्तित वास्तविकता की कविताएँ देखें।

'हरी घास पर क्षण भर' की ये पंक्तियाँ हैं :

*जैसे ही जागा*
*कहीं पर अभागा*
*अड़ड़ाता है कागा—*
*कायँ! कायँ! कायँ*
... ...

*क्या करें, कहाँ जाएँ?*

यह द्वितीय विश्वयुद्ध के बाद उपजा अकेलापन और निराशयता का बोध है, जिसके आगे विश्व-प्रेम की सारी सदिच्छाएँ निरर्थक मालूम पड़ती हैं। इसी तरह की एक कविता है—

*अल्ला रे अल्ला*
*होता न मनुष्य मैं, होता करमकल्ला।*

नई स्थिति ने जीवन की सार्थकता और उसके प्रति आकर्षण को ही समाप्त कर दिया है। आधुनिक कवि की एक मुद्रा यह भी है, जिसमें वह इश्क का मजाक बनाता है :

*कवि, हुआ क्या फिर*
*तुम्हारे हृदय को यदि लग गई है ठेस?*
*चिड़ी-दिल को जमा लो मूँठ पर*
*('ऐहे, सितम, सैयाद!')*
*न जाने किस झरे गुल की सिसकती याद में*
*बुलबुल तड़पती है—*
*न पूछो, दोस्त! हम भी रो रहे हैं लिए टूटा दिल!*
*('मियाँ, बुलबुल लड़ाओगे?')*

अब मनुष्य कितना संवेदनाहीन हो गया है, यह निम्नलिखित पंक्तियों से मालूम होता है—

*जो घड़े—कच्चे, अपात्र!—डुबा गए मँझधार*
*तेरी सोहनी को चंद्रभागा की उफनती छालियों में*
*उन्हीं में से उसी का जल अनंतर तू पी सकेगा*
*औ' कहेगा, 'आह कितनी तृप्ति!'*

इसी कविता में आगे ये प्रसिद्ध पंक्तियाँ आती हैं, जो आज की मतलबी दुनिया पर रोशनी डालती हैं—

*क्रौंच बैठा हो कभी वल्मीक पर*
*तो मत समझ*
*वह अनुष्टुप् बाँचता है संगिनी के स्मरण के—*
*जान ले, वह दीमकों की टोह में है।*

परिवर्तित वास्तविकता और उसके चित्रण को दिखलाने के लिए अज्ञेय के इतने उद्धरण काफी हैं, फिर भी हम दो-तीन संग्रहों को और पलटेंगे। आज

के नगर साँप की तरह विषैले हो गए हैं, यह उनमें रहनेवाला आज का व्यक्ति अच्छी तरह से महसूस करता है। स्वभावतः 'इंद्रधनु रौंदे हुए ये' की एक अति संक्षिप्त कविता में वे पूछते हैं—

*साँप!*
*तुम सभ्य तो हुए नहीं*
*नगर में बसना*
*भी तुम्हें नहीं आया।*
*एक बात पूछूँ—(उत्तर दोगे?)*
*तब कैसे सीखा डँसना—*
*विष कहाँ पाया?*

'इतिहास की हवा' इस संग्रह की एक असाधारण कविता है, जिसमें पौराणिक संदर्भ का हवाला देते हुए अज्ञेय ने कहा है—

*द्रोणाचार्य ने एकलव्य का अँगूठा माँग लिया था,*
*अभिनव द्रोण किंतु कहता है :*
*'वत्स, वीर,*
*धरो चाप, साधो तीर,*
*धरती को विद्ध करो—*
*अमृत-सा कूप जल यहीं फूट निकले!'*
*और फिर चुपके से एकलव्य के नए कुएँ में भाँग डाल देता है।*

जैसे माहीवाल आज माहीवाल नहीं रहा, वैसे ही द्रोणाचार्य भी द्रोणाचार्य नहीं रहे। वे भी आधुनिक गुरुओं की तरह हो गए हैं। 'अरी ओ करुणा प्रभामय' में एक कविता है 'साम्राज्ञी का नैवेद्य-दान'। जापान की साम्राज्ञी कोमियो प्राचीन राजधानी नारा के बुद्ध-मंदिर में जाते समय असमंजस में पड़ गई थीं कि चढ़ाने को क्या ले जावें और फिर खाली हाथ गई थीं। इसी घटना को आधार बनाकर अज्ञेय ने उक्त कविता लिखी है, जिसमें अहिंसा के मूल्य को स्थापित किया गया है। कहा जाता है कि द्वितीय विश्वयुद्ध में पाँच करोड़ लोग मारे गए थे और उसमें

जो धन का व्यय हुआ, उसे यदि दुनिया की आबादी में बाँट दिया जाता, तो प्रत्येक व्यक्ति लखपति हो जाता। इस तरह विश्वयुद्ध के संदर्भ में अहिंसा का मूल्य सबसे बड़ा मूल्य प्रतीत होता है। विडंबना यह है कि एक ओर विश्व-शांति के लिए प्रयास किया जाता है और दूसरी ओर आणविक-परमाणविक-जैसे संहारक अस्त्रों को बढ़ाने को लेकर लगभग सारे देशों के बीच होड़ लगी हुई है। आप समझ सकते हैं कि ऐसी स्थिति में अहिंसा से बढ़कर दूसरा मूल्य क्या हो सकता है? साम्राज्ञी ने बुद्ध से निवेदन किया–

*जो कली खिलेगी जहाँ, खिली,*
*जो फूल जहाँ है,*
*जो भी सुख*
*जिस भी डाली पर*
*हुआ पल्लवित, पुलकित,*
*मैं उसे वहीं पर*
*अक्षत, अनाघ्रात, अस्पृष्ट, अनाविल,*
*हे महाबुद्ध!*
*अर्पित करती हूँ तुझे।*

जापान-यात्रा के दौरान अज्ञेय ने एक और महत्त्वपूर्ण कविता लिखी– 'हिरोशिमा', जो आधुनिक सभ्यता की चरम परिणति से हमारा अत्यंत त्रासद साक्षात्कार कराती है। जानकारों का कहना है कि उस शहर पर अमरीका ने जो अणु-बम गिराया था, उसका असर अभी तक समाप्त नहीं हुआ और उस शहर के लोग अभी भी उसके प्रभाव से नहीं उबरे हैं। अज्ञेय ने बम-वर्षा का पूरा वर्णन रोमांचक ढंग से किया है और अंत में कहा है कि 'मानव का रचा हुआ सूरज/मानव को भाप बनाकर सोख गया।' एक बच्ची उक्त महान् दुर्घटना के समय पीठ पर बस्ता लिए स्कूल जा रही थी। अणु-बम के प्रभाव से वह भाप बनकर उड़ गई और वहाँ की भूमि पर सिर्फ उसकी छाया शेष रह गई। उसी छाया का चित्र संयुक्त राष्ट्र संघ के सामने अंकित है। लेकिन संवेदनहीन हो चुके विश्व को उसकी कोई परवाह नहीं है। 'द्वा सुपर्णा' शीर्षक से पंतजी की भी एक कविता है, जो कठोपनिषद् की एक उक्ति पर आधारित है। उसमें एक पक्षी फल

खाता है और दूसरा उसे देखता है। फल खानेवाला पक्षी जीव का प्रतीक है और उसे देखनेवाला पक्षी ब्रह्म का। अज्ञेय ने 'ऐसा कोई घर आपने देखा है' की उक्त शीर्षक लघु कविता में पूरे ठाट को उलट दिया है–

*जो खाता था*
*वह रहा*
*डाल पर*
*जो देख रहा था*
*उड़ गया*
*अचानक*
*–फल भी ले कर!*

जो लोग संगति की बात करते हैं, उन्हें जानना चाहिए कि आज के जीवन का यथार्थ संगति में नहीं, विसंगति में छिपा है, जिसे अज्ञेय ने इस छोटी कविता में बहुत सशक्त ढंग से उद्घाटित किया है।

## 3

प्राचीन काल और मध्यकाल में जीव और ब्रह्म तथा आत्मा और परमात्मा के संबंध की समस्या धर्म और दर्शन की प्रमुख समस्या थी। आधुनिक काल में आकर वह समस्या बदल गई है। अब जो समस्या विचार और चिंतन-जगत् की प्रमुख समस्या है, वह है व्यक्ति और समाज के संबंध की समस्या। वह नीत्शे का दर्शन हो, या मार्क्स की विचारधारा, या फ्रायड का मनोविज्ञान–इनके मूल में व्यक्ति और समाज के संबंध की समस्या ही निहित है। दिलचस्प है कि मार्क्स ने कहा था कि विकसित समाजवादी देश की पहचान इस बात से होगी कि उसके नागरिकों का स्वतंत्र व्यक्तित्व कितना विकसित हुआ। मार्क्सवादियों और प्रगतिशीलों ने इस बात को एक सिरे से भुला दिया। अब यह बात छिपी हुई नहीं है कि सोवियत संघ में स्वतंत्र व्यक्तित्व और विचार रखनेवाले कितने लेखकों को आत्महत्या करने के लिए विवश होना पड़ा, कितनों को देश निकाला दे दिया गया, कितनों को साइबेरिया भेजकर उन्हें ठंढ में गलने के लिए छोड़ दिया गया

और कितनों को यातना-शिविरों में बंदी बनाकर मर्मांतक कष्ट दिया गया। जो लेखक जीवित नहीं थे, उनकी पुस्तकें प्रतिबंधित की गईं। उचित ही एक बार डा. नामवर सिंह ने कहा था कि शुक्र है, हमारे देश में कम्युनिस्टों का शासन नहीं है, वर्ना हम सारे लोग जेलों के भीतर होते। जहाँ तक हिंदी की बात है, प्रगतिशीलों ने उन लेखकों और कवियों के विरुद्ध अभियान चला रखा था, जिनमें उन्हें व्यक्तित्व की कोई झलक मिल जाती थी। उनकी यह मान्यता थी कि व्यक्ति और समाज के बीच कोई विभेद नहीं होना चाहिए, यानी उन्होंने प्रगतिशील लेखकों से व्यक्तित्व के पूर्ण निषेध की माँग की। उधर व्यक्तित्व के आग्रही अज्ञेय-जैसे कवि किसी भी कीमत पर उसे लेकर कोई समझौता नहीं करना चाहते थे। 'अरी ओ करुणा प्रभामय' की पहली ही कविता में वे कहते हैं–

*अच्छी कुंठा-रहित इकाई*
*साँचे-ढले समाज से,*
*अच्छा*
*अपना ठाठ फकीरी*
*मँगनी के सुख-साज से।*

व्यक्तित्व के निषेध का ही परिणाम है कि शमशेर-जैसे उत्कृष्ट कवि और मुक्तिबोध-जैसे महान् कवि लंबे अर्से तक प्रगतिशीलों द्वारा उपेक्षित रहे। शमशेर का सौंदर्यबोध उन्हें बुर्जुआ कवि बना देता था और मुक्तिबोध का आत्म-संघर्ष उन्हें पिछड़ा हुआ कवि। 'पिछड़ा हुआ' इसलिए कि केदार और नागार्जुन में कोई आत्म-संघर्ष नहीं है, क्योंकि ये दोनों कवि समाज की सत्ता में अखंड विश्वास लेकर कविता के क्षेत्र में आए। व्यक्तित्व के प्रति उनमें कोई आकर्षण नहीं था, जबकि मुक्तिबोध उसी से जूझ रहे थे! यह तो बहुत बाद की बात है कि शमशेर और मुक्तिबोध दोनों को पहचाना गया और वे अपने वैशिष्ट्य के कारण प्रगतिशील कवियों में सर्वश्रेष्ठ माने गए। मुक्तिबोध का यह कथन प्रगतिशीलों के बार-बार मनन करने की चीज है कि मानवता का विश्वदर्शी काव्य यदि व्यक्ति के माध्यम से सामने आए, तो फिर क्या कहना!

आज जब हम अज्ञेय को पढ़ते हैं, तो यह देखकर विस्मित होते हैं कि उन्होंने न कभी व्यक्तित्व के निषेध की बात को कोई महत्त्व दिया, न समाज के

साथ अपने संबंध को कभी अस्वीकारा। 'हरी घास पर क्षण भर' की पहली ही कविता का यह किंचित् लंबा उद्धरण इस सत्य से हमारा साक्षात्कार कराता है—

*अहं! अंतर्गुहावासी! स्व-रति! क्या मैं चीन्हता*
*कोई न दूजी राह?*
*जानता क्या नहीं निज में बद्ध होकर है नहीं निर्वाह?*
*क्षुद्र नलकी में समाता है कहीं बेथाह*
*मुक्त जीवन की सक्रिय अभिव्यंजना का तेज-दीप्त प्रवाह!*
*जानता हूँ। नहीं सकुचा हूँ कभी समवाय को देने स्वयं का दान,*
*विश्व-जन की अर्चना में नहीं बाधक था कभी इस व्यष्टि का अभिमान!*
*कांति अणु की है सदा गुरु-पुंज का सम्मान।*
*बना हूँ कर्ता, इसी से कहूँ—मेरी चाह, मेरा दाह, मेरा खेद और उछाह:*
*मुझ सरीखी अगिन लीकों से, मुझे यह सर्वदा है ध्यान,*
*नई, पक्की, सुगम और प्रशस्त बनती है युगों की राह!*

यही बात अज्ञेय ने अपनी प्रसिद्ध कविता 'नदी के द्वीप' में कही है। आप इसकी आरंभिक पंक्तियाँ ही देखें—

*हम नदी के द्वीप हैं।*
*हम नहीं कहते कि हमको छोड़ कर स्रोतस्विनी वह जाए।*
*वह हमें आकार देती है।*
*हमारे कोण, गलियाँ, अंतरीप, उभार, सैकत कूल,*
*सब गोलाइयाँ उसकी गढ़ी हैं।*

*माँ है वह। है, इसी से हम बने हैं।*

इसके उत्तर में भारतभूषण अग्रवाल ने 'हम नहीं हैं द्वीप' शीर्षक कविता लिखी, जिसके आरंभ में ही कहा: 'हम नहीं हैं द्वीप जीवन की नदी के/बरन् जीवन से भरे निर्मल सरोबर!' मतलब साफ है कि कवि समाज और व्यक्ति में किसी विभेद का पक्षपाती नहीं। जैसे नदी में जल है, वैसे ही सरोवर में भी! आज यह

कविता अज्ञेय की कविता की पैरोडी मालूम पड़ती है। इतिहास ने संकीर्णतावादी प्रगतिशीलों को इस तरह हास्यास्पद बना दिया है। अज्ञेय अपनी अनेक कविताओं में समाज और व्यक्ति के साथ एक समन्वय और समर्पण की बात करते हैं। 'तुम्हीं हो क्या बंधु वह' कविता में उन्होंने समाज के साथ अपने अत्यंत आत्मीयतापूर्ण लगाव की सूचना दी है। कहते हैं :

*कहीं भीतर झर चले सब छद्मयुग-युग की अपरिचिति के,*
*एक नूतन* ***समन्वय*** *में घुले सब आकार संसृति के;*
*तुम्हारा ही रूप धुँधला*
*क्या सदा मानस-मुकुर में भासता है?*
*तुम्हीं हो क्या बंधु वह जो*
*हृदय में मेरे चिरंतन जागता है?*

कविताओं को क्रम से पढ़ने पर यह स्पष्ट हो जाता है कि उपर्युक्त उद्धरण में जो 'समन्वय' शब्द आया है, वह समाज के साथ व्यक्तित्व का समन्वय है। वह 'नूतन' इसलिए है कि समन्वय व्यक्तित्व को विसर्जित करके नहीं, बल्कि उसे नए रूप में सृजित करके समाज से मिलना है। एक कविता में तो उन्होंने साफ शब्दों में कहा है कि 'अपने से बाहर आने का छोड़/नहीं आवास दूसरा।/ भीतर—भले स्वयं साँई बसते हों।' 'समर्पण' शब्द अज्ञेय की इस चतुष्पदी में आया है—

*किसी एकांत का लघु द्वीप मेरे प्राण में बच जाए*
*जिस से लोक-रव भी कर्म के समवेत में रच जाए।*
*बने मंजूष यह अंतस्* ***समर्पण*** *के हुताशन का—*
*अकरुणा का हलाहल भी रसायन बन मुझे पच जाए!*

इस चतुष्पदी के पहले जो कविता आई है, उसमें भी उन्होंने 'समर्पण' शब्द का प्रयोग तो किया है, अपने अहं से निरंतर संघर्ष करने की बात भी कही है, जो कि समाज के साथ समन्वय में सबसे बड़ी रुकावट है,—

***समर्पण** लय, कर्म है संगीत;*
*टेक करुणा—सजग मानव-प्रीति।*
*यति न खोजो—अहं ही यति है!—स्वयं रणरणित होते*
*रहो, मेरे मीत!*

मुक्तिबोध ने भी अपनी 'ओरांग-उटांग' वाली कविता में यही कहा है कि व्यक्तिवादी और अहंवादी संस्कारों से निरंतर संघर्ष करते रहने की जरूरत है। कितनी समानता है इन दोनों महान् कवियों में, लेकिन विडंबना यह कि मुक्तिबोध जीवन-भर नई पीढ़ी को भटकानेवाले कवि के रूप में अज्ञेय के विरुद्ध संघर्ष करते रहे।

समाज एक अमूर्त वस्तु है। उसका ठोस रूप हम व्यक्ति के रूप में देखते हैं। ये जो व्यक्ति हैं, वही आज का सत्य हैं। उन व्यक्तियों से मेरा तात्पर्य यहाँ साधारण जन से है। आधुनिक काल में इस साधारण जन को जो महत्त्व मिला है, पहले कभी नहीं मिला था। इसलिए इसे आधुनिकता-बोध में ही रखना चाहिए। हम साधारण जन की अथवा आम आदमी के जीवन-यथार्थ की बहुत दुहाई देते हैं, लेकिन यह कभी नहीं सोचते कि हम उसे जानते कितना हैं? 1977 के आम चुनाव में चुनाव की पर्ची बाँटने के लिए मैं अपने साथियों के साथ पटने के महेंद्रू मुहल्ले की गलियों में घूमा था। जब मैं गलियों में गया और वहाँ के जीवन को देखा, तो मुझ पर स्पष्ट हो गया कि हम यथार्थ को जानने का जितना भी दावा करें, हम उसे जानते नहीं हैं। मैंने देखा कि चारों ओर गंदगी का अंबार लगा है और न कहीं हवा का पता है, न धूप का। एक ही कमरा है, जिसमें भैंस भी बाँधी जाती है और घर के सारे सदस्य भी सोते हैं। मच्छरों के तो जानवर और मनुष्य दोनों अभ्यस्त हो चुके हैं। फिर एक दूसरे कमरे की तरफ मेरी दृष्टि गई, जो आकार में छोटा था, लेकिन जिसमें रसोई भी थी और घर का बाकी सामान भी। सोने की व्यवस्था भी उसी में थी। पटने की कम से कम पचास प्रतिशत आबादी इसी हाल में है, पर उसकी तरफ न सरकार का ध्यान जाता है, न किसी नेता का। घूमते-घूमते मैं अपने साथियों के साथ शाहगंज की एक गली में घुस गया। वह कसाईखाना था। हर दरवाजे पर खाल उतारकर जानवरों की लाशें टँगी थीं और चार-पाँच मजदूर बड़े-बड़े हँसिया लेकर उनका मांस बना रहे थे। नीचे की नाली में खून और गंदगी एक साथ बह रही थी। यह दृश्य

देखकर मुझे चक्कर आ गया। मेरे साथियों ने मुझे सँभाला और गली से बाहर निकाल ले गए। जानवरों का मांस कौन खाता है? निश्चय ही गरीब मुसलमान, क्योंकि वह कुछ सस्ता मिलता है। साधारण जन के इस यथार्थ तक आज तक कोई लेखक या कवि नहीं पहुँचा। वे अधिक से अधिक निम्न-मध्यवर्ग तक आए हैं। प्रगतिशील कवियों ने सर्वहारा का बहुत नारा लगाया, पर ठहरकर यह कभी नहीं सोचा कि सर्वहारा है कौन? मैं अपने अनुभव के आधार पर कह सकता हूँ कि वे जिसे सर्वहारा कहते थे, वह औद्योगिक मजदूर था, जिसमें शत-प्रतिशत निम्न-मध्यवर्ग के लोग ही थे। मैं अपने गाँव के बीसवीं शताब्दी के छठे-सातवें दशकों की बात कहूँ, तो मेरे गाँव में शायद ही कोई ऐसा परिवार था, जिसके सदस्य कलकत्ता, बर्नपुर, भागलपुर, चितरंजन, दुर्गापुर, टाटानगर, भिलाई आदि स्थानों में मज़दूरी नहीं करते थे। उनके पास घर पर कुछ जमीन भी होती थी, वे अपने बच्चों को स्कूल भेजते थे, कभी-कभी कालेज भी, और घर आकर पर्व-त्योहारों में सम्मिलित होते थे। ठिकाने से अपनी लड़कियों की शादी करते थे और माता-पिता का श्राद्ध भी। ऐसी ही स्थिति की ओर संकेत करते हुए आचार्य शुक्ल ने कहा था कि यहाँ के कल-कारखानों में काम करनेवाले 'थोड़े से मजदूरों की दशा खेत में काम करनेवाले करोड़ों अच्छे-अच्छे किसानों की दशा से कहीं अच्छी है।' निश्चय ही देहात के भूमिहीन खेत-मजदूरों की दशा भी शहर की गलियों में रहनेवाले लोगों से बेहतर है। गरीबी वहाँ भी हाहाकार कर रही है, लेकिन उनका जीवन शहर की गलियों-जैसा नारकीय नहीं है। शायद ही कोई खेत-मजदूर भूखा सोता है, या उसके घर में चूल्हा नहीं जलता। शहर की गलियों में तो धूप और हवा पर भी प्रतिबंध है, लेकिन देहात में ये इफरात हैं। मैं निवेदन करूँ कि प्रगतिशील कवि यहाँ तक भी नहीं पहुँचा।

अज्ञेय के बारे में यह आम धारणा है कि वे अभिजातवर्गीय कवि थे, लेकिन यह सुखद आश्चर्य की बात है कि उनकी कविता का नायक भी साधारण जन ही है, भले वे उसके जीवन के निम्नतम स्तर तक न पहुँचे हों। पर साधारण जन के प्रति उनकी अपार व्यथा का उनकी कविताएँ प्रत्यक्षीकरण कराती हैं। उन्हें इस साधारण जन में छिपी हुई शक्ति का भी पता था, जो जब-जब करवट बदलती है, इतिहास बदल जाता है। 'बावरा अहेरी' में उनकी 'शोषक भैया' शीर्षक एक कविता है, जिसमें उन्होंने यह कहने के बाद कि 'डरो मत, शोषक भैया,/पी लो', यह कहा है—

*डरो मत, शोषक भैया,*
*मेरा रक्त ताजा है*
*मेरी लहर भी ताजा और शक्तिशाली है।*
*ताजा, जैसे भट्ठी से ढलते गले इस्पात की धार,*
*शक्तिशाली, जैसे तिसूल:*
*और पानीदार!*

जब देश गणतंत्र घोषित हुआ, तो अज्ञेय को आशा हुई कि अब उसकी बागडोर साधारण जन के हाथ में आ गई, लेकिन विगत छः दशकों में कितना परिवर्तन हुआ? सरकार ने गरीबों की दशा सुधारने के लिए कई योजनाएँ चलाईं, लेकिन ऊपर के मुलाजिमों ने सबों को असफल कर दिया। आज भी उनकी धर-पकड़ की कोई व्यवस्था नहीं है और यथास्थिति वर्तमान है। घर की जवान लड़कियाँ दूसरों के घरों में चौका-बर्तन करती हैं और उनका भाई जो कमाता है, उसका अधिकांश अपना गम गलत करने पर खर्च कर देता है। खैर, यहाँ 'जनवरी छब्बीस' शीर्षक कविता में व्यक्त कवि का उल्लास द्रष्टव्य है—

*तुम्हीं से उद्‌भुत हो कर बल तुम्हारा*
*साधना का तेज—तप की दीप्ति*
*तुम को नया गौरव दे रही है!*
*यह तुम्हारे कर्म का ही प्रस्फुटन है।*
*नागरिक, जय! प्रजा-जन, जय!*
*राष्ट्र के सच्चे विधायक, जय!*

प्रस्तुत संग्रह की 'यह दीप अकेला' शीर्षक कविता बहुत प्रसिद्ध थी। इसे दोहराते हुए गैरप्रगतिशील लेखक भी नहीं थकते थे, लेकिन उस समय इसके अर्थ पर ध्यान नहीं दिया गया, इसे महज एक कविता माना गया। लेकिन आज वह अर्थ बिलकुल स्पष्ट है। इसमें अपने 'चिर-अखंड अपनापे' को विसर्जित करता हुआ कवि कहता है—

*यह दीप अकेला स्नेह-भरा*
*है गर्व-भरा मदमाता पर*
*इस को भी पंक्ति को दे दो।*

'इंद्रधनु रौंदे हुए ये' की 'विपर्यय' शीर्षक कविता में अज्ञेय ने आज की स्थिति की विडंबना को बहुत सशक्त ढंग से अभिव्यक्त किया है–

*जो राज करें*
*उन्हें गुमान भी न हो*
*कि उनके अधिकार पर*
*किसी को शक है*

*और जिन्हें मुक्त जीना चाहिए*
*उन्हें अपनी कारा में*
*इस की खबर ही न हो*
*कि उन का यह हक है!*

आधुनिकता–बोध से शून्य कवि से इसकी आशा नहीं की जा सकती थी। नई कविता में 'क्षण' की बड़ी महिमा थी। स्वभावतः अज्ञेय में भी 'क्षण' को देखकर प्रगतिशील आलोचकों ने उसे लक्ष्य बना लिया और बिना आगे–पीछे देखे उसे अस्तित्ववादी क्षण समझ लिया। अस्तित्ववाद में संकटपूर्ण क्षणों का बहुत महत्त्व है, क्योंकि उन्हीं क्षणों में हमें अस्तित्व–बोध होता है। अज्ञेय का यह कथन देखिए–

*एक क्षण : क्षण में प्रवहमान*
*व्याप्त संपूर्णता।*
*इस से कदापि बड़ा नहीं था महांबुधि जो*
*पिया था अगस्त्य ने।*

यहाँ क्षण व्यक्ति है और उसमें 'प्रवहमान व्याप्त संपूर्णता' समाज है। व्यक्ति की पूर्णता उसमें समाज की संपूर्ण अनुभूति ही है। अज्ञेय ने इस संपूर्णता को उस महांबुधि से भी बड़ा बतलाया है, जिसे अगस्त्य ने पिया था। यह सत्य है, क्योंकि मानव–समाज कहने के लिए पृथ्वी के एक हिस्से को घेरता है, पर अपनी विशालता और विविधता में वह सभी समुद्रों से बड़ा है। स्वभावतः कवि एक

कविता में कहता है : 'परे मनुज से नहीं कहीं कुछ :/इसी तर्क से/जीवन स्वतः प्रमाण है।/दो, दो, खुले हाथ से दो :/कि अस्मिता-विलय/एकमात्र कल्याण है।'

इस संग्रह की एक बहुत ही मार्मिक कविता है 'हवाई यात्रा : ऊँची उड़ान', जिसमें कवि हवाई जहाज से धीरे-धीरे नीचे उतरकर धरती पर पाँव रखता है, तो अपने आप से कहता है : 'खड़ा मिलेगा/वहाँ सामने तुम को/अनपेक्षित प्रतिरूप तुम्हारा/नर, जिस की अनझिप आँखों में नारायण की व्यथा भरी है!' पूछा जा सकता है कि यहाँ नारायण की व्यथा क्या है? इसका उत्तर यह है कि नर में ही नारायण की स्थिति बतलाई जाती है, लेकिन उस नारायण ने उसे कितनी व्यथा दी है, इसका पता उसकी आँखें देती हैं। 'व्यक्ति-स्वातंत्र्य के हामी पश्चिमी मानस के कवि' अज्ञेय वस्तुतः संपूर्ण मनुष्यता के स्वातंत्र्य के पक्षधर थे और पश्चिमी जगत् को उसका शत्रु मानते थे। प्रमाणस्वरूप अपनी अगली ही कविता में उन्होंने कहा है : 'स्वातंत्र्य के नाम पर मारते हैं मरते हैं/क्योंकि स्वातंत्र्य से डरते हैं।' 'अरी ओ करुणा प्रभामय' नामक संग्रह में एक कविता है 'लौटे यात्री का वक्तव्य'। एक यात्री चारों तरफ घूम-घूमकर आता है और सबों के बारे में अपनी धारणा बतलाता है। उसकी आरंभिक दो धारणाएँ हैं—

*सभी जगह*
*जो उपजाता है अन्न, पालता सब को,*
*उसकी झुकी कमर है।*
... ... ...

*सभी जगह*
*जिस की मुट्ठी में ताकत है*
*उस का भेजा है एक ओर भेड़िए,*
*दूसरी पर मर्कट का।*

मैंने अपने एक मित्र को ये चार पंक्तियाँ सुनाईं : 'हरे-भरे हैं खेत/मगर खलिहान नहीं :/बहुत महतो का मान—/मगर दो मुट्ठी धान नहीं', और उनसे पूछा—ये किसकी पंक्तियाँ हो सकती हैं? उन्होंने छूटते ही उत्तर दिया—केदारनाथ अग्रवाल की। मैंने जब उन्हें बतलाया कि अज्ञेय की पंक्तियाँ हैं, तो वे विस्मित हुए। मेरा

प्रश्न यह है कि आखिर अज्ञेय की ऐसी पंक्तियों पर प्रगतिशील आलोचकों का ध्यान क्यों नहीं गया? उनमें किसान ही नहीं, मजदूर भी हैं। यह आप उनकी 'औद्योगिक बस्ती' शीर्षक कविता में देखिए—

*पहाड़ियों से घिरी हुई इस छोटी-सी-घाटी में*
*ये मुँहझौंसी चिमनियाँ बराबर*
*धुँआ उगलती जाती हैं।*

*भीतर जलते लाल धातु के साथ*
*कमकरों की दुस्साध्य विषमताएँ भी*
*तप्त उबलती जाती हैं।*

यहाँ भी धुआँ उगलती चिमनियों से मजदूरों के 'भीतर जलते लाल धातु' के वैषम्य पर हमारा ध्यान जाना चाहिए। अंत में इस संग्रह की 'मानव अकेला' शीर्षक कविता पूर्णतः उद्धरणीय है—

*भीड़ों में*
*जब-जब जिस-जिस से आँखें मिलती हैं*
*वह सहसा दिख जाता है*
*मानव*
*अंगारे-सा—भगवान्-सा*
*अकेला।*

*और हमारे सारे लोकाचार*
*राख की युगों-युगों की परते हैं।*

वाकई इस सृष्टि में मनुष्य कितना अकेला है! उसके अकेलेपन की तुलना केवल ईश्वर से की जा सकती है, जिसे 'एक' कहा गया है। लेकिन अकेला मनुष्य ईश्वर की तरह केवल द्रष्टा नहीं है। वह दहकता हुआ अंगारा है, भले सारे लोकाचार उसे राख की परतों से ढँके हुए हैं। आज न कल वह अंगारा जरूर

दहकेगा, लेकिन अज्ञेय ने यह बात कही नहीं, क्योंकि यह तो प्रगतिशील कवि कहते ही रहे हैं। सोचने की बात यह है कि जो कवि मनुष्य के अकेलेपन का कवि था, उसे अपने अकेलेपन का कवि घोषित करने के लिए प्रगतिशील आलोचकों ने कुछ भी उठा न रखा।

## 4

नई कविता के पुराने पाठकों को याद होगा कि बीसवीं शताब्दी के छठे दशक के उत्तरार्ध में हिंदी में आस्था को लेकर जोरों से बहस चली थी। हिंदी कविता अनास्था, कुंठा, अकेलापन, संबंधहीनता, आत्मनिर्वासन आदि के भावों से भर गई थी। जीवन में परिस्थितियों से जूझना, प्रतिकूलताओं से संघर्ष करना और युद्ध-क्षेत्र में अविचलित भाव से खड़े रहना एक पुरानी बात समझी जाती थी। नई बात थी—मृत्यु का बोध। बाद के एक कवि ने, जिसका आज कहीं पता नहीं है, अपना नाम ही रख लिया था—'मृत्युबोध'। इन सारी बहसों का प्रत्यक्ष-अप्रत्यक्ष संदर्भ लघुमानव की संकल्पना और अस्तित्ववाद था। आज आस्था, यानी जिजीविषा, यानी जीने की इच्छा कोई बहस-तलब बात नहीं लगती, पर उन दिनों यह बहस का सबसे बड़ा विषय था। पत्र-पत्रिकाओं में तो इस पर परि- संवाद आयोजित किए ही गए थे, इलाहाबाद की परिमल नामक संस्था ने बाजाप्ता इस पर एक संगोष्ठी का आयोजन किया था। इसी समय विजयदेव नारायण साही ने अपना भारी-भरकम लेख लिखा—'लघु मानव के बहाने हिंदी कविता पर एक बहस'। इस लेख में उन्होंने अपनी सारी शक्ति यह सिद्ध करने पर लगाई कि लघु मानव सहज मानव है। लघु मानव सहज मानव नहीं है, क्योंकि सहज मानव मनुष्य की संभावना और भविष्य में कभी अपना विश्वास नहीं खोता। लघु मानव तो अस्तित्ववाद की देन है, जिसमें मनुष्य को परिस्थितियों के आगे लाचार बतलाया गया है और यहाँ तक कहा गया है कि अपने अस्तित्व का बोध हमें तभी होता है, जब हम मृत्यु-जैसे संकट के समक्ष होते हैं। तात्पर्य यह कि अस्तित्व-बोध के लिए मृत्यु का संकट आवश्यक है। अस्तित्ववादियों ने समाज को व्यक्ति का शत्रु घोषित किया, क्योंकि वह हमारे अस्तित्व के निर्माण में सहायक नहीं, बल्कि बाधक होता है।

इस पृष्ठभूमि में जब हम अज्ञेय की कविताओं पर विचार करते हैं, तो पाते हैं कि व्यक्ति-सत्ता के साथ समाज-सत्ता उनके लिए सदा सर्वोपरि रही है।

उन्होंने न कभी व्यक्ति की उपेक्षा की और न कभी समाज की। उनका लक्ष्य हमेशा रहा—व्यक्ति में अछोर और अथाह समाज की अनुभूति। इसमें उन्होंने मानव-जीवन की चरम सार्थकता देखी। यह देखकर सुखमय आश्चर्य होता है कि जीवन के प्रति उनकी आस्था हमेशा निष्कंप रही और वे सर्वदा युयुत्सा के भाव से भरे रहे। यह उनके काव्य को देखने से ही नहीं, उनके जीवन को देखने से भी मालूम होता है। शुरू में उन्होंने क्रांतिकारियों का जीवन बिताया, काफी दिनों तक वे फरार भी रहे और गिरफ्तार हुए, तो जेल की लंबी सजा भुगती। जेल से छूटने के बाद वे साहित्य में आए, तो यहाँ भी उनका स्वागत नहीं हुआ। 'शेखर : एक जीवनी' पर पं. नंददुलारे वाजपेयी के लेख को स्मरण करना ही काफी होगा। अज्ञेय उन लोगों में से थे, जो अपने सिद्धांत के अनुसार आचरण करते हैं। जब सुभाषचंद्र बोस ने फासीवादी शक्तियों से मिलकर पूर्वी भारत पर आक्रमण किया, तो उन्होंने जनतंत्र को फासीवाद से बेहतर मानकर एक कठोर निर्णय लिया और 'विशाल भारत' का संपादन छोड़कर ब्रिटिश सेना में भर्ती हो गए। 'तारसप्तक' का संपादन उन्होंने अपने सैनिक जीवन में ही किया, जो छपकर बाहर आया, तो लगा कि किसी ने हिंदी कविता और उसकी परंपरा पर बम-वर्षा कर दी हो। बाद में साही ने यहाँ तक लिखा कि उक्त संकलन युद्ध के कागज पर छपा है। इन्हीं साही ने अपना पहला कविता-संग्रह 'मछलीघर' अज्ञेय को यह कहते हुए समर्पित किया है कि उन्होंने हिंदी कविता को फिर से संभव बनाया! लेकिन जहाँ तक आस्था की बात है, ऐसा लगता है कि अज्ञेय के इलाहाबादी अनुयायियों ने भी उनका अनुसरण नहीं किया, वर्ना वे अनास्था का झंडा लेकर नहीं निकलते।

'बावरा अहेरी' में उनकी एक छोटी-सी कविता है 'खद्योत-दर्शन', जो हमें विपरीत परिस्थितियों में भी अपनी आस्था को जमाए रखने की सूचना देती है। कविता इस तरह है—

*चाँद तो थक गया*
*गगन भी बादलों से ढक गया;*
*वन तो वनैला है*
*अभी क्या ठिकाना कितनी दूर तक फैला है?*
*अंधकार।*

*धनसार।*

*अरे पर देखो तो वो पत्तियों में*
*जुगनू टिमक गया!*

'घनसार' शब्द का अर्थ 'कपूर' होता है, लेकिन अज्ञेय ने यहाँ उसका प्रयोग अत्यंत सघन के अर्थ में किया है। 'जुगनू' आस्था का ही प्रतीक है, जो मेघाच्छादित आकाश और धरती पर फैले घनघोर अंधकार में भी जैसे मनुष्य को संकेत से बतलाता है कि अंधकार है, तो उससे डरने की जरूरत नहीं है, क्योंकि उसके साथ जीवन की ज्योति भी है। 'इंद्रधनु रौंदे हुए ये' में एक दिलचस्प कविता है 'मरु और खेत'। इसमें मरुस्थल और खेत के बीच संवाद होता है। मरुस्थल खेत से कहता है कि तुम्हारी ममता हास्यास्पद है, बल्कि तुम्हारा यह संपूर्ण यत्न और उथल-पुथल वृथा आडंबर है—'देखना/जब बहेगी लू/जब पड़ेगा पाला/जब आएगी बर्फ की बर्छियों से हाड़ों को भेदती-सी/उत्तर की निष्ठुर हवा,/झुलसेंगे, पाले से मरेंगे तुम्हारे पात-पात/अंकुर,/तब कैसा दर्द होगा!' वह उसके सामने अपने को आदर्श के रूप में पेश करता है और कहता है—'मेरी—मुझ अचंचल की ओर देखो; मेरी यह सीख है:/ममता ही सर्व-दु:ख-मूल है/बीज-मात्र वेदना का बीज है!' इस पर खेत का जो उत्तर है, वही कवि का संदेश है,—

*जब मेरी छाती फोड़कर अंकुर एक फूटेगा*
*और भोली गर्व-भरी आस्था से निहारेगा,*
*तब—उस एकमात्र क्षण में—*
*किंतु काका, आप से क्या कहूँ और...*
*नव-सर्जना में जो*
*अपने को होम कर होते हैं आनंदमग्न*
*उन की तो दृष्टि और होती है!*

इस लेख का समापन मैं इसी संग्रह की 'देना जीवन' के कई लंबे उद्धरण देकर करूँगा, क्योंकि उन्हें देखे बिना अज्ञेय के कवि-मानस की न पूरी तसवीर बन सकती है, न अनास्था के झमेले की निरर्थकता को समझा जा सकता है।

जैसा कि ऊपर संकेत किया जा चुका है, जीवन में अज्ञेय की आस्था अखंड थी, इसीलिए कविता के आरंभ में ही वे कहते हैं–

*जीवन,*
*देना*
*ऐसा सुख*
*जो सहा न जाय,*
*इतना दर्द*
*कि कहा न जाए।*

इसके बाद वे कहते हैं–

*ताप कृच्छ्तम मेरा हो, अनुभूत तीव्रतम–*
*मैं अपना मत होऊँ।*
*मुझ में स्नेह भरे जिस से मैं*
*सब को दे आलोक अमलतर*
*ऐसा दिया सँजोऊँ।*

अंत में यह किंचित् विस्तृत उद्धरण, जिसके लिए मैं पाठकों से क्षमा-प्रार्थी हूँ, क्योंकि अज्ञेय की आस्था की प्रबलता और उनकी अभिव्यक्ति की असाधारण शक्ति को समझने की दृष्टि से यह महत्त्वपूर्ण है :

*पर मुझसे चुप रहा न जाय*
*आस्था*
*जिस को सुख का प्लावन*
*ज्वार व्यथा का बहा न पाय।*
*आकांक्षा का मधुर कुहासा,*
*संशय का तम*
*करे न ओझल*
*वह पैना विवेक जिस को*

*दुश्चिंता कोई करे न बोझल*
*सच का आग्रह*
*निष्ठा की हठ*
*अगजग के विरोध का धक्का जिस को ढहा न पाय।*

अपने कालेज के दिनों में मुझे ये कविताएँ बहुत पसंद थीं और इनसे मुझे जीने की शक्ति मिलती थी, लेकिन यह देखकर मुझे आश्चर्य होता था कि आलोचकों के बीच अज्ञेय की इन कविताओं की कोई चर्चा नहीं थी और वे उनकी दूसरी कविताएँ अपने मत के समर्थन में तोड़-मरोड़कर उद्धृत करते थे। आशा है, इस लेख से अज्ञेय के कवि की छवि किसी हद तक वास्तविक रूप में सामने आएगी।

# हरी घास पर क्षण भर

अज्ञेय ने 'इत्यलम्' की एक कविता में कहा है : "और प्रणय का चरम प्रस्फुटन आत्म-व्यंजना ही तो है।" मतलब यह कि प्रेम-कविताएँ आत्मपरक होती हैं, भले पाठक की अनुभूति में आकर उनकी आत्मपरकता छूट जाए और वस्तुगत रूप में सिर्फ प्रेम शेष रह जाए। स्वभावतः अज्ञेय की प्रेम-कविताओं को सर्वप्रथम उनके व्यक्तिगत जीवन से जोड़कर देखा जाना चाहिए। प्रचलित धारणा के विपरीत उनका जीवन शुरू से अंत तक अत्यंत संघर्षमय था, कभी-कभी त्रासद भी। क्रांतिकारी दल की सक्रिय सदस्यता, जेल और उसकी यातनाएँ, पहली प्रेमिका की रुग्णावस्था में मृत्यु, द्वितीय विश्वयुद्ध में फासिज्म का विरोध करने के लिए फौज की नौकरी, 'विशाल भारत', 'दिनमान' और 'नवभारत टाइम्स' के संपादक-पद से अत्यधिक संवेदनशील और स्वाभिमानी होने के कारण त्यागपत्र, पहली पत्नी के, जो उनकी प्रेम-पात्र भी बन गई थी, आचरण से आहत होकर विवाह के तुरंत बाद उससे अलगाव, प्रयोगवाद और नई कविता का पुरस्कर्ता होने के कारण संपूर्ण हिंदी संसार द्वारा विरोध, दूसरी बार अपनी प्रेमिका से विवाह, लेकिन करीब एक दशक बाद उससे भी संबंध-विच्छेद, प्रायः निरंतर अकेलेपन के शिकार, आर्थिक असुरक्षा, जिसे उनकी सुरुचि और शालीनता छिपाए रहती थी, और हम प्रगतिशीलों द्वारा उनके विरुद्ध घृणा का प्रचार। इस ब्यौरे का उद्देश्य यह बतलाना भी है कि ऐसे ही व्यक्ति के प्रेम का कुछ मानी हो सकता है, क्योंकि प्रेम उसके लिए ऐयाशी नहीं होता, वह उसके भावुक और सौंदर्यप्रिय अस्तित्व का हिस्सा होता है। हम मीर को याद करें, जिन्होंने इश्क के बारे में कहा है : "यह ऐशगह नहीं है याँ रंग और कुछ है/हर गुल है इस चमन का साग़र भरा लहू का।" प्रेम को इस रूप में लेनेवाला एक सैनिक जेब में प्रेमिका का पत्र रखे हुए युद्ध के मैदान

में शत्रु की गोली खाकर हँसते-हँसते जान दे देता है तथा दूसरा सैनिक प्रेमिका की स्मृति के आघात से, युद्ध में घायल होकर भी, अपने बचाव का कोई उपाय नहीं करता और चुपचाप मृत्यु को गले लगा लेता है।

कहने की आवश्यकता नहीं कि प्रेम अज्ञेय की दो-तीन मूल प्रवृत्तियों में से एक है। उनके प्रेम की विशेषता है पौरुष, ऐंद्रियता, बौद्धिकता और रहस्यात्मकता। अक्सर ये परस्पर संपृक्त रूप में सामने आते हैं। रहस्यात्मकता को छोड़ दें, तो बाकी चीजें सामान्य तौर पर उनके प्रेम को छायावादी कवियों के प्रेम से अलग करती हैं। नागार्जुन की छायावादी कवियों पर लिखी गई कविता प्रसिद्ध है, जिसमें उन्होंने उन्हें 'मृदु-मसृण विधुवदनी छवि' वाला कहा है। साथ यह भी कि "फलित नहीं, पुष्पित मात्र होकर रह गया प्रेम, हाय/—शरीर संपर्कहीन!!" इसी में उन्होंने व्यंग्यपूर्वक यह भी कहा है कि "सेक्स, तेरा बुरा हो/काट लूँ गला गर हाथ में छुरा हो।" अज्ञेय के प्रेम की तीन अवस्थाएँ हैं—युवावस्था की चंचल और तरंगित भावनाओं वाला प्रेम, गृहस्थ-जीवन का शांति और स्थिरता से युक्त प्रेम तथा प्रेमिका पत्नी से अलगाव के बाद का त्रासद प्रेम।

सबसे पहले हम उनके आरंभिक प्रेम में व्यक्त होनेवाले पौरुष को देखें। 'चिंता' के एक प्रगीत में वे कहते हैं—

*तुम हँसो, कह दो कि अब उत्संग वर्जित है—*
*छोड़ दूँ कैसे भला मैं जो अभीप्सित है?*
*कोषवत्, सिमटी रहे यह चाहती नारी—*
*खोल देने, लूटने का पुरुष अधिकारी!*

अज्ञेय ने जैसे अपने कवि को पुरुष-रूप में चित्रित किया है, वैसे ही अपनी प्रेमिका को कामिनी के रूप में भी। 'चिंता' के ही एक दूसरे प्रगीत में यह दिखलाई पड़ता है—

*अपना भूत रौंद पैरों से, बन विकास की असह पुकार—*
*अपनों को ठुकराकर मात्र पुरुष आया था तेरे द्वार।*
*तू भी उतनी ही असहाया, उसी प्रेरणा से आक्रांत—*
*तुझमें भी तब जगा हुआ था वह ज्वालामय हाहाकार!*

यह पौरुष ऐंद्रियता से अभिन्न है। यदि ऐंद्रियता को ठोस रूप में देखना हो, तो 'इत्यलम्' के एक प्रगीत की निम्नलिखित पंक्तियों में देखें—

*रात बीती, यदपि उसमें संग भी था, रंग भी था,*
*अलस अंगों में हमारे स्फूर्त एक अनंग भी था;*
*तीन की इस एकता में प्रलय ने तांडव किया था—*
*सृष्टि-भर को एक क्षण-भर बाहुओं ने बाँध घेरा!*

इसी का विकास उसी संग्रह की 'सावन-मेघ' शीर्षक कविता में हुआ है, जो 'तार सप्तक' में भी संकलित हुई थी। उसकी ये पंक्तियाँ उद्धरणीय हैं—

*आह, मेरा श्वास है उत्तप्त—*
*धमनियों में उमड़ आई है लहू की धार—*
*प्यार है अभिशप्त : तुम कहाँ हो नारि?*

यहाँ प्यार को 'अभिशप्त' इसलिए कहा गया है कि कवि अपनी प्रेमिका से दुर्भाग्यवश अलग है। 'तार सप्तक' में ही अपने वक्तव्य में अज्ञेय ने कहा था कि आज का मानव-मन यौन-वर्जनाओं का पुंज है। उन्होंने जिस तरह से अपराध-भाव से मुक्त होकर अपने को अभिव्यक्त किया है, उससे इस कथन की पुष्टि नहीं होती। अपनी काव्य-रचना के आखिरी दौर में भी उनके प्रेम का पौरुष और उसकी ऐंद्रिकता बनी रही। इसका प्रमाण हमें 'क्योंकि मैं उसे जानता हूँ' की 'दिति-कन्या को' शीर्षक कविता में मिलता है। इसमें कवि कहता है—

*कौंध में*
*मैंने पहचाना*
*मेरे भीतर जो असुर है*
*रुँधा, छटपटाता*
*प्रबल, पर भोला।*

*क्या ठीक उसी क्षण*
*तुमने भी*
*ओ दिति-कन्या*
*अपने मन की धधकती गुहा का*
*द्वार खोला?*

अज्ञेय में रहस्य की प्रवृत्ति शुरू से थी। वह भी 'चिंता' के एक प्रगीत में झाँक उठी है, यथा "सोच रहा हूँ कल जिसको खोजते स्वयं खो जाना है–/उस निर्वेद अतींद्रिय जग में क्या-क्या मुझे भुलाना है!" लेकिन आरंभिक दौर में उनमें 'तद्गत' होने की बात और फिर स्वतंत्र व्यक्तित्व की बात दोनों में एक द्वंद्व की स्थिति है। उदाहरण के लिए इसी संग्रह के एक प्रगीत में वे एक तरफ यह कहते हैं कि "यह लघु क्षण अक्षर है, अव्यय, तद्गत हम, सुख-आलस्य-विकल!/ओ दिन अलसाए हेमंती, धीरे ढल, धीरे-धीरे ढल!" और दूसरी तरफ दूसरे प्रगीत में यह कि "हमें बाँधने का साहस क्यों मधुर नियम भी पाएँ?/तुम अबाध, मैं भी अबाध, हो अनथक स्नेह हमारा!" यहाँ 'अबाध' शब्द का अर्थ 'स्वाधीन' है। इस दौर में प्रेम और क्रांति में संघर्ष की स्थिति व्यापक रूप में स्वीकृत थी, जिसकी अभिव्यक्ति फैज की इस प्रसिद्ध नज्म में हुई है : "मुझसे पहली-सी मुहब्बत मेरे महबूब न माँग।" अज्ञेय के 'भग्नदूत' के एक प्रगीत में उनका यह कथन देखिए : "तोड़ो वाद्य, छोड़ दो गायन, तज दो सकरुण हाहाकार,/आगे है अब युद्धक्षेत्र–फिर, उसके आगे–कारागार!" प्रेम और क्रांति में विरोध देखना चिंतन की अप्रौढ़ता और संकीर्णता का सूचक था, जिसे अज्ञेय की परवर्ती कविताओं ने भी सिद्ध किया। परवर्ती काल में वे लगातार संघर्ष करते रहे, लेकिन प्रेम को भुलाकर नहीं, बल्कि उसे अपने अत्यंत संवेदनशील हृदय में लिये हुए। यहाँ मुझे एक घटना याद आती है। फैज जब अंतिम बार भारत आए, तो उनके स्वागत में सोवियत दूतावास में दिल्ली के लेखक आमंत्रित किए गए। गोष्ठी में फैज ने अपनी अनेक नज्में सुनाईं। श्रीकांत वर्मा ने उनसे उनकी उपर्युक्त नज्म सुनाने का आग्रह किया, जिसे यह कहते हुए उन्होंने टाल दिया कि वह अच्छी नज्म नहीं है। इसके माध्यम से उन्होंने वस्तुतः खास दौर की वैचारिक अपरिपक्वता की तरफ ही संकेत किया था।

इस दौर के प्रायः अंत में 'इत्यलम्' में अज्ञेय की 'द्वितीया' शीर्षक कविता प्रकाशित हुई, जिसमें उनकी अनेक प्रवृत्तियों की संपुंजित अभिव्यक्ति हुई है, जैसे

प्रेम का पौरुष, ऐंद्रियता, बौद्धिकता और तज्जनित यथार्थवादिता। इन सबों के कारण यह कविता छायावादोत्तर हिंदी कविता में एक प्रस्थान-बिंदु साबित हुई। स्मरणीय है कि यह 1937 की रचना है, जिसके पाँच-छ: वर्ष बाद ही 'तार सप्तक' का प्रकाशन हुआ। इस कविता का विषय कवि की दूसरी प्रेमिका है, जिससे वह कहता है—

*होगी यह कामुकता जो मैं तुमको साथ यहाँ ले आया—*
*किसी गता के आसन पर जो बरबस मैंने तुम्हें बिठाया,*
*किंतु देखता हूँ, मेरे उर में अब भी वह रिक्त बना है,*
*निर्बल होकर भी मैं उसकी स्मृति से अलग कहाँ हो पाया?*

जैसा कि कहा जा चुका है, यह दूसरी प्रेमिका उनकी पत्नी भी बनी थी, जिसे उसके विश्वासघात के कारण बहुत शीघ्र उन्हें छोड़ देना पड़ा। कवि की पहली प्रेमिका 'शेखर : एक जीवनी' की 'शशि' थी, जो रोगाक्रांत होकर 'अत्यंतगता' हो गई थी और उसने उसकी चिता की परिक्रमा कर उस पर अपना सब कुछ लुटा दिया था : "एक आग के फेरे करके जिस पर सब कुछ वार दिया था।" मानना पड़ेगा कि यथार्थ का यह स्वर हिंदी कविता में नया था। इसमें दूसरी प्रेमिका के सम्मुख साहसपूर्ण आत्मस्वीकृति है, न कि पहली प्रेमिका की स्मृति में विलाप।

अपनी प्रेम-भावना के पहले चरण में अज्ञेय ने कुछ सुंदर प्रेम-कविताएँ भी लिखीं, जिनकी स्पष्टता और प्रत्यक्षता के कारण उन्हें उत्तर-छायावादी कवियों में गिना गया और बच्चन, दिनकर, नरेंद्र शर्मा आदि की पंक्ति में बिठाया गया। जैसे-जैसे उनकी बौद्धिकता, यथार्थवादिता और नया काव्य-शिल्प सामने आता गया, उनका मार्ग उत्तर-छायावादी कवियों से अलग होता गया और वे हिंदी कविता में एक नये युग के प्रवर्तक माने गए। इस चरण की सुंदर प्रेम-कविताओं में से दो उद्धरण मैं यहाँ देना चाहता हूँ। दोनों ही कविताएँ 'चिंता' में संगृहीत हैं। पहली कविता एक प्रगीत है—"आज तुमसे मिल सकूँगा, था मुझे विश्वास!" इसका एक अंश है—

प्यार के उन्माद में भर, पंडुकी भी स्वर बदलकर,
सघन पीपल-डाल पर से थी बुलाती प्रणय-सहचर—
छा रहा सब ओर था अनुराग का कलहास!

निस्संदेह इन पंक्तियों में कवि का तेवर उत्तर-छायावादियों से किंचित् भिन्न है, पर वह 'तार सप्तक' के प्रकाशन के बाद ही ठीक से लक्षित किया जा सका। 'तार सप्तक' में संकलित अज्ञेय की कविताएँ बाद में 'इत्यलम्' के ही अंतिम पृष्ठों में समेटी गई हैं। कभी-कभी कवि अपनी एक ही कविता को आरंभिक चरण में भी लिखता है और फिर परिपक्वावस्था के चरण में भी। 'इत्यलम्' की एक अन्य सुंदर प्रेम-कविता है–

*'चुक गया दिन'–एक लंबी साँस*
*उठी, बनने मूक आशीर्वाद–*
*सामने था आर्द्र तारा नील,*
*उमड़ आई असह तेरी याद!*
*हाय, यह प्रतिदिन पराजय दिन छिपे के बाद!*

पाँच पंक्तियों की यह कविता संध्या के संदर्भ में लिखी गई है, जबकि 'हरी घास पर क्षण भर' की चार पंक्तियों की ऐसी ही एक कविता में जहाँ कवि को अपने पराजित होने का थोड़ा अफसोस है, वहाँ अकुंठ भाव से वह अपने 'दर्द के अभिमान' को छोड़कर अपनी पराजय को स्वीकार भी करता है। इसे उसके प्रेम के स्थिर अवस्था में पहुँचने का संकेत मानना चाहिए।

## 2

निस्संदेह दूसरे चरण में कवि के प्रेम में एक शांति और स्थिरता है, जैसे वह अपना लक्ष्य पा गया हो, यानी उसे अपनी अभिलषित प्रेमिका मिल गई हो। 1948-49 में उसका अपनी इस प्रेमिका से प्रेम-संबंध स्थापित हुआ, जो 1956 में एक विद्रोह के साथ विवाह में परिणत हुआ। उसका यह वैवाहिक प्रेम प्रायः 1968 तक चलता रहा। दो दशकों की यह लंबी अवधि अज्ञेय के लिए काव्य-सृजन की दृष्टि से सर्वाधिक महत्त्वपूर्ण थी। इस अवधि में उन्होंने प्रेम की अनेकानेक ऐसी कविताएँ लिखीं, जो आधुनिक हिंदी कविता की निधि हैं।

उनकी 'हरी घार पर क्षण भर' शीर्षक कविता प्रसिद्ध है, यद्यपि इस लेख के शीर्षक में 'हरी घास' का प्रयोग प्रेम के प्रतीक के रूप में किया गया है। यह

सुविदित तथ्य है कि उक्त कविता एक प्रेम-कविता है, जिसमें आधुनिक नागरिक परिवेश में कवि ने प्रेम को एक उच्च धरातल पर स्थापित किया है। इस कविता में एक तरफ प्रेम की गहराई है, दूसरी तरफ प्रकृति से उसकी संपृक्तता और तीसरी तरफ आधुनिक नागरिक जीवन पर व्यंग्य। कविता के आरंभ में ही कवि कहता है–

*आओ, बैठो!*
*तनिक और सटकर, कि हमारे बीच स्नेह-भर का व्यवधान रहे, बस*
*नहीं दरारें सभ्य शिष्ट जीवन की।*

जब प्रेमी और प्रेय मिलकर एक हो जाते हैं, तब एक-दूसरे को प्यार करने के लिए उन्हें एक-दूसरे की आवश्यकता नहीं होती। उसके पहले की स्थिति में दोनों के बीच इतना व्यवधान आवश्यक है कि पारस्परिक प्रेम-व्यापार संभव हो सके। आधुनिक नागरिक जीवन में यह व्यवधान इतना ज्यादा है कि वह संबंध-हीनता को जन्म देता है। दूसरे उद्धरण में प्रकृति पर विजय की बात करनेवाले जनवादियों पर व्यंग्य के साथ प्रेम और प्रकृति के बीच एक संपृक्तता भी देखने को मिलती है। स्मरणीय है कि अज्ञेय नई संवेदना के साथ प्रकृति के विलक्षण चितेरे भी थे, जिसका प्रमाण निम्नलिखित काव्यांश की 'फुनगी पर पूँछ उठाकर इतराती छोटी-सी चिड़िया' पंक्ति देती है। उद्धरण है–

*क्षणभर भुला सकें हम*
*नगरी की बेचैन बुदकती गड्ड-मड्ड अकुलाहट–*
*और न मानें उसे पलायन;*
*क्षणभर देख सकें आकाश, धरा, दूर्वा, मेघाली,*
*पौधे, लता दोलती, फूल, झरे पत्ते, तितली-भुनगे,*
*फुनगी पर पूँछ उठाकर इतराती छोटी-सी चिड़िया–*
*और न सहसा चोर कह उठे मन में–*
*प्रकृतिवाद है स्खलन*
*क्योंकि युग जनवादी है।*

इसमें 'पलायन' शब्द भी आया है। काशी में गंगा में नौका-विहार की मौज में प्रसाद ने यह प्रगीत रचा था—'ले चल वहाँ भुलावा देकर मेरे नाविक धीरे-धीरे', जो बहुत दिनों तक छायावाद में पलायन की प्रवृत्ति के रूप में उदाहृत होता रहा। प्रगतिवादी दौर के त्रिलोचन-जैसे कवि अपवाद थे, जो उस कवि को प्रगतिशील मानने के लिए तैयार नहीं थे, जिसने प्रकृति की कविता नहीं लिखी हो। उक्त उद्धरण की अंतिम पंक्तियों में प्रकृति-विरोधी रुख के प्रति अज्ञेय का आक्षेप अत्यंत मुखर है।

ऑक्टावियो पाज ने प्रेम पर एक पूरी पुस्तक लिखी है : 'दि डबल फ्लेम'। इसमें उन्होंने कहा है कि कामाग्नि शृंगार की रक्तिम लपट उठाती है और शृंगार की वह रक्तिम लपट प्रेम की काँपती हुई नीली लपट। वे आत्मा के बिना प्रेम का अस्तित्व नहीं मानते, लेकिन उनकी दृष्टि में वह शरीर के बिना भी संभव नहीं है। शरीर के माध्यम से प्रेम शृंगार है, जो जीवन की व्यापकतम और गहनतम प्रच्छन्न शक्तियों तक पहुँचता है। अज्ञेय की प्रेमानुभूति उनके लिए सीमाहीन खुलेपन की यानी मुक्ति की अनुभूति है। इस दृष्टि से 'हरी घास पर क्षण भर' कविता की निम्नलिखित पंक्तियाँ महत्त्वपूर्ण हैं—

*धीरे-धीरे*
*धुँधले में चेहरे की रेखाएँ मिट जाएँ—*
*केवल नेत्र जगें : उतनी ही धीरे*
*हरी घास की पत्ती-पत्ती भी मिट जावे लिपट झाड़ियों के पैरों में*
*और झाड़ियाँ भी घुल जावें क्षिति-रेखा के मसृण ध्वांत में;*
*केवल बना रहे विस्तार—हमारा बोध*
*मुक्ति का,*
*सीमाहीन खुलेपन का ही।*

इनमें संध्याकालीन अंधकार के धीरे-धीरे फैलने का बहुत ही सूक्ष्म वर्णन है। 'क्षिति-रेखा के मसृण ध्वांत में'—इस भाषा में वह आभिजात्य है, जिसे छायावादोत्तर कविता की एक उपलब्धि मानना चाहिए। इस आभिजात्य को तोड़ना भी एक उपलब्धि हो सकता है, बशर्ते कि वह आग्रह रचनाकार की ओर से न आकर यथार्थ की ओर से आया हो। 'बावरा अहेरी' की 'नख-शिख'

शीर्षक कविता में कवि ने अपनी प्रेमिका की देह, आँखों और होठों का वर्णन किया है। यह प्रचुर ऐंद्रिय कविता है, क्योंकि क्रमशः इसके आरंभ और अंत में इस तरह की पंक्तियाँ आती हैं : "तुम्हारी देह/मुझको कनक-चंपे की कली है/दूर ही से स्मरण में भी गंध देती है" और "तुम्हारे होठ—/पर उस दहकते दाड़िम-पुहुप को/मूक तकता रह सकूँ मैं।"

'इंद्रधनु रौंदे हुए ये' की एक छोटी कविता 'खुल गई नाव' में अज्ञेय ने प्रेमिका से विदा लेने के बाद कहा है—

*खुल गई नाव*
*घिर आई संझा, सूरज डूबा सागर तीरे।*
*धुँधले पड़ते-से जल-पंछी*
*भर धीरज से मूक लगे मँडलाने,*
*सूना तारा उगा, चमककर, साथी लगा बुलाने।*
*तब फिर सिहरी हवा, लहरियाँ काँपीं,*
*तब फिर मूर्च्छित व्यथा विदा की जागी धीरे-धीरे।*

यह विदेश में लिखी गई कविता है, जिसमें पोत को 'नाव' कर दिया गया है, क्योंकि पोत का एक पर्याय नाव भी है। नाव खुलने के बाद कवि अपनी प्रेमिका के बिना बहुत अकेला महसूस करता है। पहले तो वह इतना अचेत होता है कि उसे वियोग-व्यथा का एहसास ही नहीं होता। पर जब उसे चेत होता है, तो वह कहता है कि उसकी व्यथा धीरे-धीरे जगने लगी है। अंतिम पंक्ति में मनोभाव के चित्रण में जो बारीकी है, वह इस कविता को स्मरणीय बनाती है। विदा-संबंधी एक छोटी कविता 'अरी ओ करुणा प्रभामय' में भी है—'हवाई अड्डे पर विदा'। यह कविता मात्र मर्मस्पर्शी न होकर मर्मवेधक है। देखिए—

*उड़ गया गरजता यंत्र-गरुड़*
*बन बिंदु, शून्य में पिघल गया।*

*पर साँप? लोटता डसता छोड़ गया वह उसे यहीं पर।*

*आँखों के आगे धीरे-धीरे सब धुँधला होता आता है—*
*मैदान, पेड़, पानी, गिरि, घर, जन-संकुल।*

पहली कविता में अचेतावस्था जहाँ पहले आती है, वहाँ दूसरी कविता में बाद में। यह पीड़ा का गहराते जाना है। इसमें साँप का बिंब इतना जबर्दस्त है कि विदा पर लिखी गई हिंदी की यह एक अद्वितीय कविता हो गई है। इसी संग्रह में 'झील का किनारा' शीर्षक कविता भी है, जिसमें प्रेम का एक संयोगवाला स्तर प्रकट हुआ है। इस कविता की अंतिम कुछ पंक्तियाँ इस तरह हैं—

*वैसा अभिसिंचित, अभिमंत्रित,*
*सघनतम संगोपन कल्पांत*
*दूसरा हमने नहीं जिया।*
*वैसी शीतल अनल-शिखा*
*न फिर जली, न चिर-काल पली,*
*न हमसे सँभली।*

यह है वस्तुतः प्रेम का सघनतम संगोपन कल्पांत, जो निस्संदेह दूसरे कवियों में नहीं मिलता। 'आँगन के पार द्वार' में पुनः अज्ञेय ने 'पहचान' शीर्षक एक छोटी, लेकिन अत्यंत प्रभावशाली कविता लिखी, जिसका विषय है प्रेम के अतीत का स्मरण। कविता इस तरह है—

*तुम*
*वही थीं :*
*किंतु ढलती धूप का कुछ खेल था—*
*ढलती उमर के दाग उसने धो दिए थे।*
*भूल थी*
*पर*
*बन गई पहचान—*
*मैं भी स्मरण से*
*नहा आया।*

कवि की प्रेमिका वयः प्राप्त हो गई है। शाम की धूप उस पर पड़ती है, तो उसकी चमक में वह युवा मालूम पड़ती है। यह युवापन कवि का भ्रम या भूल थी,

लेकिन इसने उसे यह पहचान करा दी कि आज की उसकी प्रेमिका वही है, उससे इतर नहीं। 'मैं भी स्मरण से/नहा आया' इतनी सशक्त अभिव्यक्ति है कि पाठकों का मन भी स्नात हो जाता है।

ऊपर कहा गया है कि अज्ञेय का दूसरे चरण का प्रेम निश्चिंतता और आश्वस्ति से युक्त है। इसी के परिणामस्वरूप उन्होंने 'आँगन के पार द्वार' में 'गृहस्थ' शीर्षक कविता लिखी, जिसकी आरंभिक पंक्तियाँ हैं—

*कि तुम*
*मेरा घर हो*
*यह मैं उस घर में रहते-रहते*
*बार-बार भूल जाता हूँ*
*या यों कहूँ कि याद ही कभी-कभी करता हूँ :*
*(जैसे कि यह*
*कि मैं साँस लेता हूँ :)*
*पर यह*
*कि तुम उस मेरे घर की*
*एक मात्र खिड़की हो*
*जिसमें से मैं दुनिया को, जीवन को,*
*प्रकाश को देखता हूँ, पहचानता हूँ...*
*यह मैं कभी नहीं भूलता।*

इस दौर की कुछ कविताओं में अज्ञेय ने अपने प्रेम का उदात्तीकरण कर उसे अकूत गहराई दी है। ऐसी ही एक कविता है : 'ओ निःसंग ममेतर'। उसकी कुछ पंक्तियाँ हैं—

*जिन शिखरों की*
*हेम-मज्जित उँगलियों ने*
*निर्विकल्प इंगित से*
*जिस निर्व्यास उजाले को*
*सतत झलकाया है—*

*उसमें जो छाया मैंने पहचानी है*
*तुम्हारी है।*
*जिन झीलों की*
*जिन पारदर्शी लहरों ने*
*नीचे छिपे शैवाल को सुनहला चमकाया है,*
*निश्चय निस्तल गहराइयों में*
*जो निश्छल उल्लास झलकाया है,*
*उसमें निर्वाक् मैंने*
*तुम्हें पाया है।*

यह बात याद रखने की है कि रूमानी होते हुए भी अज्ञेय उत्तर–छायावादी यानी बच्चन–सदृश प्रेम–कवि नहीं हैं। इसलिए उनमें बौद्धिकता और यथार्थ–चेतना तो है ही, आधुनिकता का वह बोध भी है, जिसने हमारे वर्तमान जीवन में प्रेम पर संकट बरपा किया है। 'अरी ओ करुणा प्रभामय' में 'रात और दिन' शीर्षक कविता ऐसी ही है। इसमें रात के सन्नाटे में कवि की प्रेमिका एक झीनी छाया का रूप धरकर उससे कहती है कि 'तुम मेरे हो', लेकिन—

*दिन के जन–संकुल में*
*भीड़पने की लहरों के अनवरत थपेड़े*
*निर्मम दुहराते जाते हैं :*
*'तुम अपने नहीं, पराए हो,*
*हम चाहे जितना गले मिलें,*
*चाहे जितना हम मुस्कानों में बिछा पाँवड़े*
*बरसाएँ स्वागत–पंखुड़ियाँ,*
*तुम तुम हो—*
*अजनबी एक, बेमेल, बिराने...'*

उक्त संग्रह की ही एक अन्य कविता है 'बड़ी लंबी राह', जिसमें कवि ने कहा है कि आधुनिक भौतिकवादी सभ्यता रूमानियत–जैसी मोहक और मायावी अनुभूति के लिए एक खतरा है। इसका एक आरंभिक अंश है—

*गा रही थी एक दिन*
*उस छोर बेपरवाह,*
*लोभनीय, सुहावनी, रूमानियत की चाह*
*—अवगुंठनमयी ठगिनी!—*
*एक मीठी रागिनी।*

*बड़ी लंबी राह।*
*आज सँकरे मोड़ पर यह*
*वास्तविक की वस्तुवादी*
*धारदार विडंबना*
*रो रही है : एक नंगी डाकिनी।*

इसी क्रम में अज्ञेय ने 'कितनी नावों में कितनी बार' नामक अपने संग्रह को 'ओ एक ही कली की' शीर्षक लघु कविता लिखी, जिसमें वे आशंकित हैं कि आधुनिक जीवन के दबाव में बहुत शीघ्र उनकी प्रेम-भावना लुप्त हो जाएगी। कहते हैं—

*ओ एक ही कली की*
*मेरे साथ प्रारब्ध-सी लिपटी हुई*
*दूसरी चंपई पंखुड़ी!*
*हमारे खिलते न खिलते सुगंध तो*
*हमारे बीच में से होती*
*उड़ जाएगी।*

## 3

अज्ञेय का तीसरे चरण का प्रेम अत्यंत त्रासद है, यद्यपि प्रेमिका पत्नी के अलगाव की भूमिका दूसरे चरण के अंत से ही बनने लगी थी। 'कितनी नावों में कितनी बार' की एक अन्य कविता है 'गुल-लाल:', जिसमें वे कहते हैं—

*लाल : के इस*
*भरे हुए दिल-से पके लाल फूल को देखो*
*जो भोर के साथ विकसेगा*
*फिर साँझ के संग सकुचाएगा*
*और (अगले दिन) फिर एक बार खिलेगा*
*फिर साँझ को मुँद जाएगा।*
*और फिर एक बार उमँगेगा*
*तब कुम्हलाता हुआ काला पड़ जाएगा*
*पर मैं—वह भरा हुआ दिल—*
*क्या मुझे फिर कभी खिलना है?*
*जिसमें (यदि) हँसना है*
*वह भोर ही क्या फिर आएगा?*

इसी के थोड़ा बाद उन्होंने 'संपराय' (मृत्यु) शीर्षक एक भयानक कविता लिखी, जिसका अंत उन्होंने चरम निराशा की अवस्था में उत्पन्न दार्शनिकता के साथ किया—

*है राह!*
*कुहासे तक ही नहीं, पार देहरी के है।*
*मैं हूँ तो वह भी है,*
*तीर्थाटन को निकला हूँ*
*काँधे बाँधे हूँ लकड़ियाँ चिता की :*
*गाता जाता हूँ—*
*'है, पथ है :*
*वह जो रुक जाता है कूल-कूल पर बार-बार—*
*यों नहीं कि वह चुक जाता है :*
*पर तीर्थ यही तो होते हैं—*
*अनजाने—यद्यपि वांछित—संपराय :*
*हम होते ही रहते हैं वहाँ पार!'*

अज्ञेय के उत्तरकालीन काव्य को प्रायः उसी तरह छोड़ दिया गया है, जैसे पंत के उत्तरकालीन काव्य को, जबकि यह सच्चाई है कि इस काल में उन्होंने कुछ बहुत ही सुंदर कविताएँ लिखी हैं, जिनमें उनकी कुछ प्रेम-कविताएँ भी हैं। जैसा कि ऊपर संकेत किया गया है, ये कविताएँ कवि के संवेदनशील चित्त का चीत्कार हैं, जिनमें शोरगुल भले न हो, असर भरपूर है। 'सागर-मुद्रा' की एक छोटी ही कविता है 'क्यों', जिसके अंतिमांश में अज्ञेय की यह असह्य व्यथा और बेचैनी देखिए—

*क्यों, जब प्यार नहीं रहा*
*तो याद मन में फँसी रह गई?*
*ज्योनार हो चुकी, मेहमान चले गए,*
*बस पकवानों की गंध सारे घर में बसी रह गई...*

*क्यों यह सवाल अपनी कोंच से*
*मुझे तड़पाता है रातभर, रातभर*
*जैसे टाँड़ में अखबारों की गड्डी में छिपा चूहा*
*करता रहे कुतर-कुतर, खुसर-फुसर?*

अज्ञेय को हिंदी में विदेशी मानसिकता का कवि माना जाता है। इस कविता में नोट करने लायक बात यह भी है कि उन्होंने सर्वथा देशी और सुपरिचित उपमानों के माध्यम से, जो कदापि मैले नहीं हैं, अपने आपको अभिव्यक्त किया है। 'रातभर, रातभर' यह द्विरुक्ति उनकी व्यथा को असीम प्रस्तार देती है। 'सागर-मुद्रा' की ही एक 'लक्षण' शीर्षक विलक्षण कविता है, जिसमें कवि ने रसोईघर को कविता में लाते हुए अपनी अलग हो गई प्रेमिका पत्नी से पूछा है—

*नदी में*
*मछलियाँ उछलती हैं :*
*क्षितिज पर उमड़ रहे होंगे*
*बादलों के साए।*

*क्या तुम्हारे चौके में*
*आटा नहीं उछलता*
*कि यह प्रवासी*
*लौट आए?*

'पहले मैं सन्नाटा बुनता हूँ' में 'नंदा देवी' शीर्षक से पंद्रह कविताओं की एक शृंखला है। इस शृंखला की एक कविता में अज्ञेय कवि-मात्र के बहाने अपनी स्थिति बयान करते हैं : "क्या कवि/वही नहीं है जिसे पता है/कि मैं ही वह वनानल हूँ/जिसमें मैं ही/अनुपल जलता हूँ!" इसी शृंखला की एक अन्य कविता में अत्यंत सुंदर ढंग से अपनी प्रेमिका पत्नी का रूपांकन करते हुए उन्होंने अपनी पीड़ा को अंकित कर दिया है। जब यह कविता मैंने उक्त संग्रह में पढ़ी थी, तो मुझे यह एक सुंदर कविता-भर प्रतीत हुई थी, पर आज जब यह कविता अपना पूर्ण अर्थ प्रकाश कर रही है, तो इसकी मार्मिकता एकदम स्पष्ट है। यह कविता अज्ञेय की क्षमता से भी हमारा परिचय कराती है—

*ललछौंहें*
*पाँकड़ के नीचे से*
*गुजरती डगर पर*
*तुम्हारी देह-धार लहर गई*
*धूप की कूँची ने सभी कुछ को*
*सुनहली प्रभा से घेर दिया।*
*देख-देख संसृति*
*एक पलभर ठहर गई।*
*फिर सूरज कहीं ढलक गया,*
*साँझ ने धुंध-धूसर हाथ*
*सारे चित्र पर फेर दिया।*
*इधर एक राग-भरी स्मरण-रेख,*
*उधर अनुराग की उदासी*
*मेरे अंतस्तल में गहर गई।*

अंतिम पंक्तियों में अभिव्यक्त पीड़ा का स्रोत 'राग-भरी स्मरण-रेख' और 'अनुराग की उदासी' का विडंबनापूर्ण विरोध है। स्मरणीय है कि कवि की पीड़ा को गहरा बना देनेवाली चीज कविता के ऊपरी भाग में किया गया प्रेमिका पत्नी का वह सौंदर्य है, जो कवि की दृष्टि में असाधारण है। 'लहर गई' का मतलब है लहरा गई और 'देह-धार' का मतलब है देह की धारा। उसकी प्रेमिका पत्नी ने अकस्मात् उससे अपना संबंध तोड़ लिया था। यह 'विदा का क्षण' उसकी समझ में नहीं आया। 'पहले मैं सन्नाटा बुनता हूँ' में उक्त शीर्षक से ही अज्ञेय की एक कविता है, जिसमें वे छटपटाते हुए कहते हैं : 'नहीं, विदा का क्षण/समझ में नहीं आता, नहीं आता।' यहाँ भी द्विरुक्ति अत्यधिक व्यंजनापूर्ण है। 'नदी की बाँक पर छाया' नामक संग्रह में 'रात सावन की' शीर्षक एक लघु कविता है, जिसमें उन्होंने उच्च कोटि की नाटकीयता से काम लेते हुए सरल, लेकिन दिल में चुभ जानेवाली कविता लिखी है। उसकी अंतिम पंक्तियाँ हैं : "रात सावन की/मन भावन की/पिय आवन की/कुहू-कुहू! मैं कहाँ—तुम कहाँ—पी कहाँ!" नाटकीय ध्वनि-संयोजन 'पी कहाँ!' में है, जो कवि के चिंतन को भेदकर गूँज उठता है। इसी संग्रह में 'सहारे' शीर्षक एक अति लघु कविता है, जिसे पढ़कर और अज्ञेय के जीवन का याद कर मुँह से 'आह' निकल जाती है : "उमसती साँझ/हिना की गंध/किसी की याद/कैसे-कैसे प्राणलेवा/सहारे हैं/जीने के!"

अज्ञेय की कविताओं में एक सच्चाई है, जो झूठ के पर्दे को फाड़कर चमक उठती है। यही उनकी अभिव्यक्ति को असरदार बनाती है और उन्हें दूसरे कवियों से अलग करती है। 'ऐसा कोई घर आपने देखा है' उनका अंतिम कविता-संग्रह है। इसकी 'कभी-कभी' शीर्षक कविता की अंतिम पंक्तियों में साहस के साथ वे इस सच्चाई को सामने रखते हैं : "मैंने लिखा बहुत तुम्हारे लिए/पर सचाई की तड़प में किया याद/कभी-कभी" और "पागल तो हूँ, सदा रहा तुम्हारे लिए/पाया पर वासना से परे का उन्माद/कभी-कभी।" अज्ञेय में पंजाबी के ढेर सारे शब्द मिलते हैं। ऐसा ही एक शब्द है 'लीसा', जिसे हिंदी में 'लस' या 'लस्सा' कहते हैं। उक्त संग्रह में ही संगृहीत 'जड़ें' शीर्षक यह भयानक कविता देखिए—

*पेड़ के तने में घाव करके*
*उसमें खपच्ची लगा गए हैं वे*

*कि बूँद-बूँद*
*रिसता रहे घाव*
*उन्हें चाहिए लीसा!*

*और मेरी छाती के घाव में भी*
*लगी हैं खपच्चियाँ*
*उनका कसोरा।*
*पेड़ की, मगर,*
*जड़ें गहरी*
*वह मिट्टी से रस खींचता है।*
*और मेरी जड़ों को पोषण की अपेक्षा है*
*उन्हीं से*
*जिन्हें अपने कसोरे में*
*मेरा लहू चाहिए।*

इसी संग्रह की 'द्वा सुपर्णा' शीर्षक कविता में वे औपनिषदिक दार्शनिक प्रतीकों को उलटते हुए कहते हैं, जिसे संदर्भच्युत करके पढ़ने पर हँसी आती है, लेकिन संदर्भ समझ लेने के बाद पाठक का मन आहत हो उठता है। कविता है : "जो खाता था/वह रहा/डाल पर/जो देख रहा था/उड़ गया/अचानक/—फल भी लेकर।" अब मैं इस संग्रह की दो कविताओं का हवाला देकर इस खंड को समाप्त करूँगा। ये दोनों ही कविताएँ हमें सूरदास के पद 'चकई री चलि चरन-सरोवर जहाँ न प्रेम वियोग' की याद दिलाती हैं। यह पद भक्ति से पूर्ण है, जबकि अज्ञेय की कविताएँ व्यथा से भरी हुई हैं। पहली कविता है 'ओ साँइयाँ', जो इस प्रकार है—

*झील पर अनखिली*
*लंबी हो गईं परछाइयाँ*
*गहन तल में*
*कँपीं यादों की सुलगती झाँइयाँ*
*आह! ये अविराम अनेक रूप विदाइयाँ*
*इस व्यथा से ओट दे ओ साँइयाँ!*

दूसरी कविता है 'साँझ के सारस', जिसके अंत में कवि कहता है—

*कर नमन बीते दिवस को, धीर!*
*दे उसी को सौंप*
*यह अवसाद का लघु पल*
*निकल चल! सारस अकेले!*

अंततः इस सारस ने शून्य में अपनी पाँखें फैला दीं और शालीनता ऐसी कि हृदय-रोग के मरणांतक आक्रमण के बारे में दूसरे कमरे में स्थित अपने निकटस्थ व्यक्ति को भी नहीं बतलाया। जैसे वे अब तक चुपचाप गरल-पान करते रहे थे, इस महागरल को भी पी गए और अपनी त्रासद जिंदगी से मुक्ति पा ली।

## 4

प्रेम अपनी प्रकृति से स्वच्छंद होता है। मुक्त प्रेम को विषय बनाकर लिखी गई निराला की महान् कविता है 'प्रेयसी', जिसमें प्रेयसी अपने प्रेमी युवक को लक्ष्य कर प्रेम की निर्बंधता के बारे में कहती है : ''दोनों हम भिन्न-वर्ण,/भिन्न-जाति, भिन्न-रूप,/भिन्न-धर्मभाव, पर/केवल अपनाव से, प्राणों से एक थे!'' प्रेम धर्म, नैतिकता, समाज अथवा राज्य किसी के नियमों को नहीं मानता। ऐंगेल्स ने तो उसे मूलतः अवैध और विद्रोही चरित्रवाला कहा है। युवावस्था के बिलकुल आरंभ में अज्ञेय ने स्वच्छंद प्रेम की कविताएँ लिखी थीं, लेकिन 'शशि' से लेकर अपनी दूसरी परिणीत प्रेमिका तक वे मुख्य रूप से उन्हीं पर केंद्रित रहे। फिर भी बीच-बीच में, उनके वैवाहिक जीवन में, ऐसे क्षण आए, जब दूसरी युवतियों के प्रति थोड़ी देर के लिए उन्होंने प्रेमाकर्षण महसूस किया। यह भी उनकी कविताओं में लिपिबद्ध है। 'सागर-मुद्रा' की एक कविता में उन्होंने कहा भी है—

*प्रेम*
*स्वच्छंद वरण है :*
*प्रच्छन्न ही सही, सागर मुझे कोई लज्जा नहीं—*
*न अपने रहस्य की न अपनी स्वच्छंदता की।*

यहीं कह देना जरूरी है कि अज्ञेय पहली प्रेमिका को अंतिम रूप से कभी नहीं भूले। 'द्वितीया' कविता में हम उनके दुचित्तेपन को देख चुके हैं। जब अंतिम प्रेमिका से वे परिणय-सूत्र में बँधे, तो उन्होंने अनुभव किया कि उनके भीतर 'शशि' की याद तो रह गई है, लेकिन उसका असर जाता रहा है। बेचैनी में उन्होंने 'एक हवा-सी बार-बार' शीर्षक कविता लिखी, जो 'सदानीरा' के प्रकाशनपूर्व तक अप्रकाशित और असंगृहीत थी। वह कविता है—

*जैसे अनाथ शिशु की अरथी को*
*ले जाते हैं लोग : उठाए गोद, मगर*
*तीखी पीड़ा के बोध बिना*

*वैसे ही एक हवा-सी बार-बार*
*ढोती स्मृतियों का भार*
*थकी-सी*
*मुझमें होकर बह जाती है।*

जब कभी उन्होंने स्वच्छंद प्रेम का दंश महसूस किया, बड़ी ईमानदारी से कविताओं में उसे वाणी दी। यहाँ मैं ऐसी दो कविताओं के अंश उद्धृत करना चाहता हूँ, जो विदेश में और विदेशी युवतियों के प्रति लिखी गई हैं। दोनों ही कविताएँ 'सागर-मुद्रा' में संगृहीत हैं। पहली कविता है 'गाड़ी चल पड़ी' और दूसरी 'सागर-मुद्रा' शीर्षक कविता-शृंखला की पहली कविता। दोनों के अंश क्रमशः नीचे दिए जा रहे हैं—

*1. मैं मुड़ा, एक लंबी दीठ भर*
*मेरी आँखों ने उसकी*
*आँखों को थाहा।*
*कुछ कहा नहीं, न कुछ चाहा।*

*काल के सवालों का*
*नहीं है मेरे पास कोई जवाब,*
*जो उसे—या किसी को—दे सकूँ।*

*इतना ही कि ऐसी अतर्कित चुप्पियों में*
*मिल जाती हैं जब-तब छोटी-छोटी अमरताएँ*
*जिनमें साँस ले सकूँ।*

2. *मैंने हाथ उठाया—कि मेरे अनजाने*
*उसके केशों के धूप-मँजे सोने का*
*गीला जाल*
*मेरे चारों ओर*
*सहसा कस आया।*

पहले उद्धरण की 'जिनमें साँस ले सकूँ' पंक्ति इस बात का संकेत करती है कि इस अवस्था में उन्हें प्रेमिका पत्नी के स्थायी विछोह ने ही पहुँचाया था। दूसरे उद्धरण के बारे में और कुछ न कहकर मैं सिर्फ इतना निवेदन करूँगा कि अज्ञेय का सौंदर्यबोध जितना नवीन था, उनकी अभिव्यक्ति भी उतनी ही समर्थ।

अंत में : इसमें संदेह नहीं कि अज्ञेय महान् कवि थे, जो उनकी प्रेम-कविताओं से भी प्रमाणित है। उन्होंने कविता में न कभी पहेली बुझाई और न कभी उसे इतना अमूर्त होने दिया कि वह हमारी पकड़ से ही छूट जाए। उन्होंने संवेदना और अभिव्यंजना दोनों को उदात्त धरातल पर प्रतिष्ठित किया। उनमें एक स्पृहणीय सरलता है, जो किसी महान् कवि की अनिवार्य विशेषता होती है। अज्ञेय और मुक्तिबोध छायावादोत्तर हिंदी कविता के दो ध्रुवांत हैं। एक मूलत: प्रगीतात्मक और दूसरे मूलत: कवितात्मक। इन दोनों को मिलाकर ही उक्त कविता उस दृश्य का निर्माण करती है, जो अत्यंत भव्य है। एक संयोग यह है कि दोनों ही में आत्मपरकता है, लेकिन आत्मग्रस्तता नहीं, क्योंकि दोनों में अपने आत्म का अतिक्रमण करने की क्षमता है। ये महान् कवि आत्मग्रस्त होते, तो अपने माध्यम से नए युग के यथार्थ और उसकी प्रकट-अप्रकट कशमकश को चित्रित और अभिव्यंजित न कर पाते।

# अरे यायावर, रहेगा याद?

प्रकृति मनुष्य का परिवेश है। वह उसी से उत्पन्न होता है और फिर उसी में विलीन हो जाता है। वायु, धूप, पानी और धरती से प्राप्त होनेवाले अन्न के बिना हम जीवन की कल्पना नहीं कर सकते। लेकिन प्रकृति से कविता का संबंध इस कारण नहीं है। यदि ऐसा हुआ, तो वह उपयोगितावाद होगा। सच्चाई यह है कि प्रकृति अपने प्रत्येक रूप में आकर्षक होती है। वह सुंदर हो तब भी और उदात्त हो तब भी। जिन्होंने रवींद्रनाथ की 'बैशाख' शीर्षक कविता पढ़ी है, वे जानते हैं कि उसका रौद्र रूप भी आकर्षक होता है। ऐसी प्रकृति की ऐंद्रिय अनुभूति से हमारा सांस्कृतिक विकास संभव होता है। जिस तरह कला हमारे व्यक्तित्व को पूर्णतर बनाती है, उसी तरह प्रकृति भी। प्रकृति भी निसर्ग की कला ही तो है! जिस व्यक्ति को चाँदनी की शीतलता, कोयल की कूक की मिठास, बौरों की सुगंध और आकाश में खिंचा हुआ इंद्रधनुष आकर्षक नहीं लगता, उसे सांस्कृतिक दृष्टि से कुंठित ही समझना चाहिए। यह इस सभ्यता का संकट है कि जैसे हम कला और साहित्य से दूर होते जा रहे हैं, वैसे ही प्रकृति से भी। नगरों में ऋतुएँ आती हैं और चली जाती हैं, कोई उनके सौंदर्य और संगीत पर ध्यान नहीं देता। बस, तमाम चीजों के प्रति सिर्फ उपयोगितावादी दृष्टि रह गई है।

आचार्य रामचंद्र शुक्ल ने कहा था कि एक ही तत्त्व प्रकृति से लेकर मनुष्य तक में व्याप्त है, इसलिए हम प्रकृति के प्रति खिंचाव अनुभव करते हैं। लेकिन प्रकृति के प्रति मनुष्य के खिंचाव का यह दार्शनिक कारण कुछ संगत नहीं लगता। उन्होंने कविता में प्रकृति के स्वतंत्र और आलंकारिक चित्रण की भी चर्चा की थी और एक की सराहना और दूसरे की आलोचना की थी। मैं पहले भी यह कह चुका हूँ कि सवाल प्रकृति के स्वतंत्र और परतंत्र चित्रण का नहीं,

बल्कि कवि की संवेदनशीलता का है। यदि कवि संवेदनशील हुआ, तो आलंकारिक रूप में किए गए प्रकृति-चित्रण से भी वह पाठकों को अवर्णनीय आनंद प्रदान कर सकता है। एक ही उदाहरण पर्याप्त होगा। कालिदास की उपमा को लें, जो प्राय: प्रकृति के उपादानों से बनी है। उसमें उन्होंने प्रकृति का एक स्थान पर भी ऐसा वर्णन नहीं किया, जो हम पर गहरा प्रभाव नहीं छोड़ता। प्रकृति का मानवीकरण हो, या मानव का प्रकृतीकरण, कालिदास सर्वत्र बेमिसाल हैं। यदि उनके काव्य से उपमा को निकाल दिया जाए, तो एक हद तक वह निष्प्रभ हो जाएगा। उनकी उपमाएँ वर्ण्य विषय को इस प्रकार उद्‌भाषित करती हैं कि उनका सौंदर्य उनके स्वतंत्र प्रकृति-वर्णन से जरा भी कम नहीं होता। आचार्य शुक्ल ने साधारणता पर बहुत जोर देने के कारण प्रकृति के साधारण चित्रण को ही अपेक्षित बतलाया है। यदि ऐसा किया गया, तो साहित्य में देश-विदेश के अपरिचित दृश्यों का चित्रण, जो हमें विस्मयाभिभूत करते हैं, बंद हो जाएगा। ऐसे दृश्यों का चित्रण ही तो हमारी संवेदनशीलता और कल्पनाशीलता को विस्तार देता है। हम घर बैठे चलचित्र के पर्दे पर देश और विदेश के अपरिचित दृश्यों को देखकर मुग्ध होते हैं और उन्हें अपनी आँखों से देखना चाहते हैं, यह नितांत स्वाभाविक है।

आलोचक छायावाद को प्रकृति-काव्य मानते हैं। इसमें दो मत नहीं कि उसमें प्रकृति बहुत स्थान घेरती है और वह कवि की मूल संवेदना का अंग है। लेकिन कविता में प्रकृति के एकाएक इस तरह प्रमुख हो उठने का कारण क्या है? आलोचकों ने इसका एक कारण यह बतलाया है कि इस काल में विज्ञान ने प्रकृति के संबंध में अनेक रहस्यों का उद्‌घाटन करके मनुष्य को उसके प्रति रागात्मक आत्मीयता से भर दिया। मुझे यह सिद्धांत भी बहुत निर्दोष नहीं लगता। यदि प्रकृति के प्रति रागात्मक संबंध का कारण हम विज्ञान को मानेंगे, तो अनुभव की कसौटी पर वह गलत साबित होगा। विज्ञान ने तो कई नए ग्रहों का पता लगाया, उसने सृष्टि की रचना के मूलतत्त्व को भी ढूँढ़ निकाला, यहाँ तक कि चाँद पर जाकर उसकी भूमि पर उतरकर उसे देख भी आया, पर इससे प्रकृति के प्रति मनुष्य के आकर्षण में क्या फर्क पड़ा? चाँद पर उसकी एक भी किरण नहीं मिली। उसकी ज्योत्स्ना तो पृथ्वी पर आने पर ही छिटकती दिखलाई देती है। फिर विज्ञान प्रकृति के प्रति मनुष्य के आकर्षण का कारण है, या उसका बाधक? इससे यह निष्कर्ष न निकाला जाए कि मैं विज्ञान-विरोधी हूँ। विज्ञान

ने ऐसे साधन अवश्य सुलभ कराए हैं कि हम बीच समुद्र की लहरों की क्रीड़ा के साथ आकाश में रुई के गट्ठर की तरह दिखलाई पड़नेवाले बादलों को देख सकते हैं। वायुयान से ही हम देश-विदेश का सफर करते हैं और वहाँ के नाना प्रकार के पर्वतों, झीलों, झरनों और हरियालियों का आनंद लेते हैं। मेरा कहना केवल इतना है कि प्रकृति और कविता के संबंध का क्षेत्र जहाँ सौंदर्य-बोध का क्षेत्र है, वहाँ विज्ञान का क्षेत्र ज्ञान और केवल ज्ञान का क्षेत्र। वह हमारे ज्ञान में वृद्धि करता है, हमें नए-नए साधन सुलभ कराता है, पर हमारी रागात्मकता को कहीं से समृद्ध नहीं करता, उलटे पकृति का सूक्ष्म विश्लेषण कर वह उसके सौंदर्य को नष्ट करता है।

'रूपांबरा' की भूमिका में प्रकृति और कविता के संबंध पर विचार करते हुए अज्ञेय ने कई विचित्र बातें कही हैं। पहली बात यह कि "नई काव्य-प्रवृत्तियों को सामने रखकर एक अर्थ में कहा जा सकता है कि प्रकृति-काव्य अब वास्तव में है ही नहीं। एक विशिष्ट अर्थ में यह भी कहा जा सकता है कि छायावाद का प्रकृति-काव्य अपनी सीमाओं के बावजूद अंतिम प्रकृति-काव्य था; यदि छायावादी काव्य मर गया है तो उसके साथ ही प्रकृति-काव्य की अंत्येष्टि भी हो चुकी है।" इसके संबंध में कोई टिप्पणी करना बेकार है, क्योंकि उससे बेहतर होगा स्वयं अज्ञेय के साथ नागार्जुन से लेकर केदारनाथ सिंह तक की कविता को देखना। दूसरी बात उन्होंने यह कही है कि "नई कविता में रूप का आग्रह कम नहीं है, पर उसने सौष्ठव वाले पक्ष को छोड़ दिया है, तद्वत्ता पर ही वह बल देती है। 'व्यवस्थित संसार' के स्थान में 'सुंदर संसार' की प्रतिष्ठा हुई थी; अब उसके स्थान में 'तद्वत् संसार' ही सामने रखा जाता है।" इसका खंडन भी इस काल की कविताएँ ही करेंगी। उनकी अंतिम बात यह है कि "प्रकृति-वर्णन का वृत्त कालिदास के समय से पूरा घूम गया है। कालिदास 'प्रकृति के चौखटे में मानवीय भावनाओं का चित्रण' करते थे; आज का कवि 'समकालीन मानवीय संवेदना के चौखटे में प्रकृति' को बैठाता है। और, क्योंकि समकालीन मानवीय संवेदना बहुत दूर तक विज्ञान की आधुनिक प्रकृति से मर्यादित हुई है, इसलिए यह भी कहा जा सकता है कि आज का कवि प्रकृति को विज्ञान की अधुनातन अवस्था के चौखटे में भी बैठाता है। ऋत का स्थान वैज्ञानिक शोध ने ले लिया है। किंतु ऋत सनातन और आत्यंतिक था, वैज्ञानिक शोध के दिङ्मान प्रतिदिन बदलते हैं...फलतः प्रकृति का सान्निध्य नए कवि को पहले का-सा आश्वस्त

भाव नहीं देता, उसकी आस्थाओं को पुष्ट नहीं करता।'' मूल बात प्रकृति के साथ मनुष्य के संबंध की है। विज्ञान की प्रधानता के कारण 'तद्वत्ता' वाला सिद्धांत निरर्थक है। जो बात सही है, वह यह कि औद्योगिक सभ्यता के प्रभाव से जैसे-जैसे हम गाँव से नगर की ओर खिसकते जा रहे हैं, प्रकृति हमारी आँखों से ओट होती जा रही है। उसी के साथ हमारा सांस्कृतिक दारिद्र्य भी बढ़ता जा रहा है। तीन-चार वर्ष पूर्व मार्च के महीने में मैं शांतिनिकेतन गया था। वह विशाल बगीचे में बसा है। वहाँ प्रकृति के सजीव रूप का मुझे एहसास हुआ। कहीं कोयल कूक रही थी, कहीं पपीहा पिहक रहा था, कहीं हवा में पत्तियाँ सरसरा रही थीं और कहीं ढेर-ढेर फूल खिले हुए थे। लेकिन आज की औद्योगिक सभ्यता में शांतिनिकेतन अपवाद ही है। उससे बाहर आइए, तो सिर्फ कंक्रीट का जंगल है, जंगल और जंगल, जो रोज बढ़ता जा रहा है। प्रकृति पार्कों तक सिमटकर रह गई है।

अज्ञेय के कथनों का प्रत्याख्यान उनकी कविताएँ ही करती हैं। वे चूँकि यायावर थे, इसलिए अपनी कविताओं में उन्होंने देश-विदेश की प्रकृति के विलक्षण चित्र आँके हैं। मैं तो उन्हें प्रेम और प्रकृति का ही मूल कवि मानता हूँ, क्योंकि उन्हीं के वर्णन में उनकी कविता उत्कर्ष पर पहुँचती है। ज्ञातव्य है कि जहाँ प्रकृति को स्वतंत्र बतलाया जाता है, वहाँ भी मनुष्य उपस्थित रहता है और जहाँ उसे परतंत्र बतलाया जाता है, वहाँ भी। इसलिए महत्त्व स्वतंत्र और परतंत्र का नहीं, बल्कि इसका है कि प्रकृति के प्रति कवि कितना संवेदनशील और कल्पनाशील है। ये दोनों चीजें ही कविता में प्रकृति का रूप क्या से क्या कर देती हैं और 'तद्वत्ता' वाला सिद्धांत धरा रह जाता है।

## 2

पहले लेख में मैं संकेत कर चुका हूँ कि 'तार सप्तक' में ही अज्ञेय की कविता छायावाद की प्रतिक्रिया से मुक्त होकर अपने विशिष्ट पथ पर बढ़ चलती है। निस्संदेह यह पथ नए सौंदर्य-बोध का है। उन्हें पक्षी से विशेष प्रेम था, इसलिए हम देखेंगे कि उनकी कविता में उसकी कई अवस्थाओं के अत्यंत सजीव चित्र हमें मिलते हैं। एक चित्र यह देखिए : 'उड़ गया वह बावला/ पंछी सुनहला/कर प्रहर्षित देह की रोमावली को।' इसी तरह मोर की तीखी पुकार का यह वर्णन–

*रात के रहस्यमय, स्पंदित **तिमिर को***
***भेदती कटार-सी***
*कौंध गई बौखलाए मोर की पुकार—*
*वायु को कँपाती हुई,*
*छोटे-छोटे बिन जमे ओस बिंदुओं को झकझोरती,*
*दुस्सह व्यथा-सी!*
*नभ पार!*

एक कविता में बादलों में तेजी से भागते चाँद का अज्ञेय ने कमाल का वर्णन किया है : 'छोटे-छोटे, बिखरे-से, शुभ्र अभ्र-खंडों बीच द्रुत पद/भागा जा रहा है चाँद'। इसी तरह बिजली की चमक का एक वर्णन भी अतुलनीय है : 'लास्य कर कौंधी तड़ित् उस पार बादल के'। ये तो कुछ छिटपुट उदाहरण हैं। 'हरी घास पर क्षण भर' नामक अज्ञेय के संग्रह की पहली ही प्रकृति-कविता है 'दूर्वाचल', जिसे पूरा देखना जरूरी है :

*पार्श्व गिरि का नम्र, चीड़ों में*
*डगर चढ़ती उमंगों-सी।*
*बिछी पैरों में नदी **ज्यों दर्द की रेखा**।*
*विहग-शिशु मौन नीड़ों में।*
*मैंने आँख भर देखा।*
*दिया मन को दिलासा—पुनः आऊँगा।*
*(भले ही बरस-दिन—अनगिन युगों के बाद!)*
***क्षितिज ने पलक-सी खोली,***
*तमक कर दामिनी बोली—*
*'अरे यायावर! रहेगा याद?'*

गौर करेंगे तो पता चलेगा कि पूरा दृश्य शांत है। अंत में तमककर दामिनी बोलती है, लेकिन सिर्फ उसकी चमक दिखलाई पड़ती है, बोली नहीं सुनाई पड़ती। 'दर्द की रेखा' यानी चुपचाप गहरे दुःख में बहाए गए आँसुओं की टघार। अपने घोंसलों में पक्षि-शावक भी मौन हैं। 'पार्श्व गिरि का नम्र' यानी

पर्वत की ढलान। अज्ञेय की इस आर्ष भाषा को 'भले ही बरस दिन—अनगिन युगों के बाद' यह सरल भाषा संतुलित करती है। पर्वत की ढलान पर चीड़ के वृक्ष हैं, जिनके बीच से पगडंडी ऊपर चली गई है, जैसे हृदय में उमंगें उठती हैं! कवि इस पूरे दृश्य को आँख भरकर देखता है और मन को यह दिलासा देता है कि वर्षों बाद भी यहाँ फिर जरूर आऊँगा। इसी पर बिजली कौंधकर उससे पूछती है—तुम तो यायावर हो, तुम्हें यह दृश्य और उसे पुनः देखने की सुध बनी रहेगी? इटैलिक बोल्ड में दिए गए वाक्य और वाक्य-खंड सर्वत्र कवि की कल्पनाशीलता सूचित करने के लिए हैं, जो दृश्यों को परिवर्तित कर देती है।

इस कविता की जुड़वाँ कविता 'सूर्यास्त' है, जो 'इंद्रधनु रौंदे हुए ये' में संगृहीत है। वह इस प्रकार है :

*धूप*
*—माँ की हँसी के प्रतिबिंब-सी शिशु-वदन पर—*
*हुई भासित*
*नए चीड़ों से कँटीली पार की गिरि-शृंखला पर :*

*गीति :*

*मन पर वेदना के बिना*
*तर्कातीत, बस स्वीकार से ही सिहर कर*
*बोला :*
*'नहीं, फिर आना नहीं होगा।'*

दूर की पर्वत-शृंखला पर साँझ की धूप वैसी प्रतीत होती है, जैसे बच्चे के चेहरे पर माँ की हँसी की छाया। इस बिंब के लिए अज्ञेय को जितनी दाद दी जाए, कम है। उसके सौंदर्य को भाषा के आभिजात्य ने शतगुणित कर दिया है। अंतिम बंद में 'मन' के बाद जो 'पर' शब्द आया है, उसे 'मन' के पहले ले आने पर उसका अर्थ 'लेकिन' है, यह स्पष्ट हो जाता है। कवि इस दृश्य की विलक्षण मनोहारिता को स्वीकार करता है, पर एक सिहरन के साथ कहता है : 'नहीं, फिर आना नहीं होगा।' पहली कविता में पुनर्दर्शन की स्वीकृति है और दूसरी कविता

में उसकी अस्वीकृति। कवि का प्रकृति-प्रेम स्वीकृति में प्रबल है या अस्वीकृति में, कहना कठिन है। दरअसल महत्त्व स्वीकृति और अस्वीकृति का नहीं, बल्कि प्रकृति से प्रेम का है, जो इन दोनों कविताओं के शब्द-शब्द से छलक रहा है। 'हरी घास पर क्षण भर' में ही अज्ञेय की कविता 'कतकी पूनो' दी गई है, जिसके कुछ चित्र तो आँखों के सामने घटित प्रतीत होते हैं, जैसे 'पकी ज्वार से निकल शशों की जोड़ी गई फलाँगती—/सन्नाटे में बाँक नदी की जगी चमक कर झाँकती।' 'बाँक' अज्ञेय का प्रिय शब्द है, जिसका एक प्रमाण यह भी है कि उनके एक संग्रह का नाम ही है 'नदी की बाँक पर छाया'। इस शब्द का अर्थ 'मोड़' या 'घुमाव' है, जो नदी को तो निश्चय ही और आकर्षक बना देता है। 'जगी' का मतलब 'जगी हुई' से है। इसी तरह के दो चित्र और हैं : 'कुहरा झीना और महीन,/झर-झर पड़े अकासनीम' और 'उजली-लालिम मालती/गंध के डोरे डालती'। यह कविता हाथी-घोड़ा-पालकी,/जै कन्हैया लाल की' वाले लोक छंद में रचित है, जो भी इसके आकर्षण का एक कारण है। कल्पना की स्थिति हम प्रत्येक वर्णन में देखते हैं। 'शशों की जोड़ी' वाली पंक्ति में तद्वत्ता अवश्य है, पर जगी हुई नदी के झाँकने को स्पष्टतः कल्पना का स्पर्श प्राप्त हुआ है।

अज्ञेय को जैसे पक्षी प्रिय थे, वैसे ही चाँद और तारे भी। उनके काव्य के मर्मज्ञ इस सूची को बढ़ा भी सकते हैं, क्योंकि उस पर कोई प्रतिबंध नहीं है। 'हरी घास पर क्षण भर' की 'मेरा तारा' शीर्षक कविता में उन्होंने बहुत ही मस्ती-भरे लहजे में कहा है—

*ऐसे ही थे मेघ क्वाँर के,*
*यही चाँद कहता था*
*मुझको* ***आँख मार के***
*'अजी तुम्हारा मैं हूँ साथी—*
*'जीवन भर इस धुली चाँदनी में तुम*
*खेला करना खेल प्यार के!*

इस अभिव्यक्ति को अतीत की स्मृति सरस बना देती है। वैसे 'आँख मार के' को छोड़ दें तो पूरा चित्र बहुत ही सादा है। 'कलगी बाजरे की' अज्ञेय की एक प्रसिद्ध कविता है, जिसमें उन्होंने ये बहुधा उद्धृत पंक्तियाँ कही हैं : 'ये उपमान

मैले हो गए हैं।/देवता इन प्रतीकों के कर गए हैं कूच।' उनका तात्पर्य छायावादी उपमानों और प्रतीकों से है, जिनकी लाक्षणिकता और अर्थ घिसकर सपाट हो गए हैं। इस कारण उन्होंने अपनी प्रेयसी को 'हरी बिछली घास' और 'दोलती कलगी छरहरी बाजरे की' कहा है। निश्चय ही इनमें से दूसरा उपमान सटीक ही नहीं, नया भी है। लेकिन जिन उपमानों को उन्होंने 'मैला' कहा है, वे भी मैले नहीं हैं, यथा 'ललाती साँझ के नभ की अकेली तारिका', 'शरद के भोर की नीहार-न्हाई कुँईं' और 'टटकी कली चंपे की'। यदि छायावाद में ऐसे ताजे उपमान बने रहते, तो उनकी लाक्षणिकता के नष्ट होने का कोई सवाल ही नहीं था। क्या हम यह मानें कि अज्ञेय की कलम की नोक पर आकर परंपरागत उपमान भी नए हो गए हैं? लेकिन किसी छायावादी कवि ने ऐसे ताजे उपमानों का प्रयोग नहीं किया। अज्ञेय ने स्वयं आगे की एक कविता में अपनी प्रेयसी को 'कनक चंपे की कली' से उपमित किया है, जिससे मेरे कथन की सत्यता सिद्ध होती है।

'बावरा अहेरी' की पहली प्रकृति कविता इसी शीर्षक से है। कवि ने इस कविता को इतना महत्त्वपूर्ण माना है कि इसी के नाम पर उसने संग्रह का नाम रखा है। 'बावरा' और 'अहेरी' दोनों शब्द तद्भव हैं। पटने के युवा लेखक सम्मेलन में एक कवि ने कहा था कि अज्ञेय में साधारण शब्द मिलते हैं, लेकिन वहाँ उन्हें बोलनेवाला मौजूद नहीं होता। अज्ञेय निस्संदेह आभिजात्य संस्कारों के कवि थे, लेकिन उनकी कविता का नायक भी साधारण जन ही था, यह हम देख चुके हैं। यहाँ मुझे सिर्फ यह कहना है कि तद्भव शब्द उनमें प्रभूत मात्रा में प्रयुक्त होते हैं, जो उनकी भाषा को कोमल भी बनाते हैं और वर्णन को सुपरिचित भी। मतलब यह कि वे शब्द उनमें शौकिया रूप में नहीं आए हैं। बावरा अहेरी सूर्य है। कविता के आरंभ में ही उन्होंने कहा है—

*भोर का **बावरा अहेरी***
*पहले बिछाता है आलोक की*
*लाल-लाल कनियाँ*
*पर जब खींचता है जाल को*
*बाँध लेता है सभी को साथ—*

उसके बाद उन्होंने अंधकार में लय होते पूरे दृश्य का वर्णन किया है और ढेर सारी चीजों के नाम गिनाए हैं, जो उस दृश्य का निर्माण करते हैं। 'अहेरी' बावरा इसीलिए है कि वह अपने जाल में सुंदर-असुंदर सभी दृश्यों को समेट लेता है। प्राय: अंत की दो पंक्तियाँ देखें—

*गोधूली की धूल को, मोटरों के धुएँ को भी*
*पार्क के किनारे पुष्पिताग्र कर्णिकार की आलोक-खची तन्वि*
*रूप-रेखा को*

आप दूसरी पंक्ति पर ध्यान दें। पार्क के किनारे कनेर का जो छरहरा वृक्ष है, अज्ञेय ने अपनी आर्ष भाषा में उसका कितना सुंदर वर्णन किया है। यह वर्णन पीछे के सारे साधारण वर्णनों पर आलोकपात करके उन्हें जगमगा देता है। कविता के अंत में वे सूर्य से कहते हैं कि तू मेरे पिछले दिनों की सारी कालिख को माँज दे और मेरी आँखों को इस तरह आँज दे कि मैं तुम्हें देख सकूँ। फिर—'पहनूँ सिरोपे से ये कनक-तार तेरे—/बावरे अहेरी।'

'शरद की साँझ के पंछी' में प्रकृति के दो सुंदर चित्र मिलते हैं। एक कविता के आरंभ में और दूसरा कविता के अंत में। पहले चित्र को हृदयंगम करने के लिए बहुत दूर जाने की जरूरत नहीं है। आप आकाश में उड़ती हुई चील का स्मरण करें। वैसा ही कोई पक्षी यहाँ भी है, जिसके बारे में कवि कहता है : 'भार-मुक्त से तिर जाते हैं/पंछी/डैने बिना हिलाए'। देखने की बात यह है कि कितने कम शब्दों में कवि ने आकाश में तैरते हुए दिखलाई पड़ने वाले पक्षी का गति-चित्र अंकित किया है। इसमें 'भार-मुक्त' और 'डैने बिना हिलाए' इन शब्दों ने उसकी भरपूर सहायता की है। जब शरद की साँझ में अँधेरा फैल जाता है, तब क्या होता है—

*यह लो :*
*लाली में से उभर चंपई*
*उठा दूज का चाँद **कँटीला**।*

'लाली' और 'चंपई' इन दोनों वर्णों का योग तो मनोरम है ही, असल सौंदर्य दूज के चाँद के कँटीले होने में है। वह कँटीला क्यों है? इसका उत्तर आपको तब

मिल जाएगा, जब आप उसकी दोनों नोकों को याद करेंगे। ऐसी ही कँटीली और नोकदार थी प्रकृति-संबंधी अज्ञेय की सौंदर्य-भावना। 'संध्या तारा' कविता के अंत में भी जो वर्णन आता है, उसमें दो बिंब लाजवाब हैं :

*कभी बदली की तहों में डूब जाता है*
*सुलगता* ***लाल*** *दिन का,*
***बलाका रेख-सी*** *स्मृति की*
*कभी नभ पार करती चली जाती है,*
*कभी आँगन में अकेले* ***सद्य जागे मुग्ध शिशु*** *जैसा*
*स्वतःसंपूर्ण*
*तारा चमक आता है।*

पहला बिंब है 'सुलगता लाल दिन का' और दूसरा 'सद्य जागे मुग्ध शिशु जैसा', जो कि तारा का उपमान है। आकाश में वह तारा कैसा दिखलाई पड़ता है? जैसा आँगन में कभी अकेले में तुरत जागा हुआ शिशु। सूर्य दिन का सुलगता लाल यानी माणिक है। सूर्य की बहुत उपमा दी गई है, लेकिन उसे दिन का लाल शायद ही किसी कवि ने कहा हो।

मैं कह चुका हूँ कि प्रकृति से मनुष्य को और मनुष्य से प्रकृति को अलग करना असंभव है। 'वह नाम' कविता में कवि ने अपनी प्रेयसी के नाम-गान की महिमा बतलाई है और अंत में कहा है—

*कहाँ हैं दोनों तुम्हारे हाथ*
*संपुटित करके मुझे दो :*
***कोकनद का कोष*** *वह*
*गुंजरित होगा*
*नाम से—*
*उस नाम से...*

प्रेयसी के दोनों हाथ संपुटित करने पर कैसे हो जाते हैं? जैसे रक्तकमल का कोष। स्पष्ट है कि प्रकृति के बिना कवि की अभिव्यक्ति पूर्ण नहीं हो सकती थी और

मनुष्य-रहित प्रकृति का कोई मतलब नहीं है। इसका सबसे अच्छा उदाहरण 'नख-शिख' शीर्षक कविता है, जिसमें तीन बंद हैं। तीनों बंदों में प्रकृति की सहायता से ही कवि ने अपनी प्रेयसी के रूप को ग्राह्य बनाया है। पहला बंद—

*तुम्हारी देह*
*मुझको **कनक-चंपे की कली** है*
*दूर ही से*
*स्मरण में भी गंध देती है।*
*[रूप स्पर्शातीत वह जिसकी लुनाई*
*कुहासे-सी चेतना को मोह ले।]*

इस बंद में प्रेयसी की काया कैसी है? जैसे स्वर्ण-चंपे की कली। उसकी विशेषता यह है कि वह स्मरण-मात्र से कवि के मानस को सुवासित कर देती है। कोष्ठकों के भीतर जो शब्द रखे गए हैं, उनमें भी प्रेयसी का रूप कवि की चेतना को कुहासे की तरह आच्छादित कर लेता है। अलग से इस बात पर भी ध्यान देना चाहिए कि निपट गद्य के शब्द 'स्पर्शातीत' को कवि ने अपनी कविता के प्रवाह में प्रस्तर-खंड से शालग्राम बना दिया है। एक बात और लक्ष्य करने की है कि इस शब्द के साथ उसने 'लुनाई'-जैसे तद्भव शब्द का प्रयोग किया है, जो आचार्य हजारीप्रसाद द्विवेदी के संस्कृतनिष्ठ गद्य की तरह अज्ञेय की भाषा को शिलीभूत होने से बचाता है। दूसरे बंद में आँखों का वर्णन है, जो सरल-सा लगता है, लेकिन उसके विशेषणों पर ध्यान देने पर यह स्पष्ट हो जाता है कि उसमें भी खासियत है,—

*तुम्हारे नैन*
*पहले भोर की दो **ओस-बूँदे हैं***
*अछूती, ज्योतिमय,*
*भीतर द्रवित।*
*[मानो विधाता के हृदय में*
*जग गई हो भाप करुणा की अपरिमित।]*

अंतिम बंद में होंठों के लिए एक परंपरागत उपमान का प्रयोग हुआ है, जिसे कवि ने तत्सम के साथ तद्भव शब्द का प्रयोग करके नवीनता प्रदान की है। कोष्ठकों में आनेवाली अभिव्यक्ति तो प्रचंड है ही। देखिए यह बंद—

*तुम्हारे ओठ—*
*पर उस दहकते **दाड़िम-पुहुप** को*
*मूक तकता रह सकूँ मैं—*
*[सह सकूँ मैं*
*ताप ऊष्मा का मुझे जो लील लेती है!]*

इसमें प्रयुक्त उपमान इस बात का भी सूचक है कि कवि परंपरा को जितना भी नकारे, वह उसे छोड़कर नहीं चल सकता। देखने की बात यह है कि वह उसे सिर्फ दुहराता है या उसमें नयापन भी पैदा करता है। इस तरह परंपरा और नवीनता के विचित्र सम्मिश्रण से कविता आगे बढ़ती है। मेरे एक मित्र ने अंतिम पंक्ति में आनेवाले 'ताप ऊष्मा का' इस प्रयोग पर आपत्ति की। मैंने उनसे निवेदन किया कि आप ऊष्मा को दहकते दाड़िम-पुहुप का सूचक मान लें, आपकी आपत्ति समाप्त हो जाएगी। 'चाँदनी जी लो' कविता भी इसी संग्रह में है, जिसकी आरंभिक तीन पंक्तियाँ जुबान पर चढ़ जानेवाली हैं—

*शरद चाँदनी*
*बरसी*
*अँजुरी भर कर **पीलो***

छायावाद में निश्चय ही चाँदनी का ऐसा आस्वाद्य वर्णन नहीं मिलता। इन पंक्तियों में ही अज्ञेय ने 'अंजलि' की जगह 'अँजुरी' शब्द का प्रयोग किया है। इसे उनका दिखावा न मानकर उनकी भाषा की प्रकृति मानना ही उपयुक्त होगा।

'इंद्रधनु रौंदे हुए ये' में कई प्रकृति-कविताएँ हैं, जिनमें से 'सूर्यास्त' का उल्लेख ऊपर हो चुका है। यहाँ आप 'टेसू' शीर्षक कविता की पहले ये आरंभिक पंक्तियाँ देखिए—

*ग्रीष्म तो न जाने कब आएगा*
*लू के दुर्दम दुर्मद घोड़े पर वह*
*अनलोद्भव* ***अवतार-पुरुष***
*कब आ कर धरती को तपाएगा*

इसमें प्रकृति का मानवीकरण तो हुआ ही है, नोट करने लायक बात है कि वह जिस भाषा में किया गया है, उसका औचित्य यह है कि यहाँ प्रचंड ग्रीष्म का वर्णन है। उस प्रचंडता ने भाषा को भी ओज और तेज से भर दिया है। मानना पड़ेगा कि ऐसी भाषा नई कविता में केवल अज्ञेय लिख सकते थे, जैसे छायावाद में निराला। नई कविता के कवियों ने भाषा के तत्सम-निर्मित ओजस्वी रूप को एकदम छोड़ दिया, जबकि वे उसे अपनी वर्णन-क्षमता से नवीन बनाकर एक 'ओजस्वी लावण्य' की सृष्टि कर सकते थे। कविता का अंत इन पंक्तियों से हुआ है—

*तब तक मैं उसका एक अकिंचन अग्रदूत*
*अपनी अखंड आस्था के साक्ष्य-रूप*
***मश्शाल*** *जला दूँ—*
*न सही क्षयग्रस्त नगर में—*
*इस वन-खंडी में आग लगा दूँ!*

इन पंक्तियों में तीन बातें ध्यातव्य हैं। एक, 'आस्था' शब्द का प्रयोग, दूसरी 'मशाल' के लिए 'मश्शाल' का प्रयोग और तीसरी 'क्षयग्रस्त नगर'। पहली बात में जीवन और समाज के प्रति कवि की आस्था झलकती है, दूसरी बात में बल देने के लिए वह 'मशाल' को 'मश्शाल' बनाकर प्रयुक्त करता है, जो इस बात का सूचक है कि कवि भाषा के पीछे नहीं चलता, भाषा ही उसका अनुसरण करती है और तीसरी बात से कवि की क्रांतिकारिता सूचित होती है। उसने अपनी युवावस्था को क्रांतिकारिता को समर्पित कर दिया था। स्वभावतः वह यथास्थिति का समर्थक नहीं था, भले उसने उसका ढोल न पीटा हो। एक बात और कि प्रकृति की कविता सर्वथा स्वतंत्र नहीं होती। उसमें बहुत सारी अन्य बातें भी आती हैं।

अज्ञेय पंजाब के रहनेवाले थे, इसलिए कश्मीर से उनका निकट संपर्क

था। 'बर्फ की झील' कविता में उन्होंने अनुमानतः कश्मीर में ही वसंतागम का यह अनूठा वर्णन किया है, जो दृश्य है, उसे श्रव्य बनाते हुए,—

*चट-चट-चट कर सहसा तड़क गए हिमखंड*
*जमे सरसी के तल पर :*
*लुढ़क-पुढ़क कर स्थिर...*
*वसंत का आना*
*—यद्यपि पहले नहीं किसी ने जाना—*
*होता रहा अलक्षित।*

यह चित्र सरल है, पर नवीन। और कवि जहाँ जमी हुई झील में बर्फ के पिघलने की बात कहकर रह जाते, वहाँ अज्ञेय ने उस पिघलने की पूरी प्रक्रिया का जीवंत वर्णन करके इस कविता को एक यादगार कविता बना दिया है।

'अरी ओ करुणा प्रभामय' में भी कई मोहक प्रकृति-कविताएँ हैं। कवि ने खेत में एक युवती को बीज छींटते देखा और उस बात को वह भूल गया। आगे वह कहता है—

*आज, अरे! सहसा पाता हूँ :*
*अंकुर एक—अनेक—असंख्य—*
*धरा मानो श्यामल* ***रोमाली*** *के प्रहर्ष से*
*हो रोमांचित।*

पंतजी ने अपनी 'ग्राम-श्री' शीर्षक कविता में कहा था : 'रोमांचित-सी लगती वसुधा/आई जौ-गेहूँ में बाली'। इसकी तुलना में अज्ञेय का अंकुरों को पृथ्वी की रोमावली के रूप में परिकल्पित करना अधिक उपयुक्त है। उनका वर्णन भी अधिक ओजस्वी है, जिसका कारण 'श्यामल', 'रोमाली' और 'प्रहर्ष' इन शब्दों का प्रयोग है। फिर उन्होंने कहा है—

*मनोरंग में मेरे भी वह आने वाली*
*धान-भरी बाली सोनाली*

*थिरक रही है : मैं भी आँचल*
*तब पसार दूँगा जब गूँजेगी उसकी* **पद-पायल,**
*मैं भी लूँगा बीन-छीन*
*कण-दो कण जो भी हाथ लगेंगे...*

प्रकृति के प्रति अज्ञेय के मन में कैसी आत्मीयता है, कहने की जरूरत न होनी चाहिए। 'ऋतुराज' शीर्षक कविता में उन्होंने बबूल का वर्णन किया है : 'काँटों का किरीट धारे बने देवदूत/पीत-वसन दमक उठे तिरस्कृत बबूल'। एक नगरीय कवि का ध्यान बबूल की तरफ जाए, यह भी आश्चर्य की ही बात है। दिनकरजी ने अपनी एक कविता में बबूल के खिलने का वर्णन शरद ऋतु में किया है : 'वर्षा गई, शरद आया, जल घटा, पुलिन ऊपर आए,/बसे बबूलों पर खग-दल फुनगी पर पीत कुसुम छाए।' अज्ञेय और दिनकर दोनों सही हैं, क्योंकि बबूल वसंत में फूलना शुरू करता है और यह सर्वथा संभव है कि शरद ऋतु में भी उसकी फुनगियों पर कुछ फूल शेष हों। फूलों के फूलने का समय स्थान और वहाँ की ऋतु के हिसाब से आगे-पीछे होता है। 'धूप' कविता एक छोटी, लेकिन अत्यंत सुंदर कविता है। देखिए—

*सूप-सूप भर*
***धूप-कनक***
*यह सूने नभ में गई बिखर :*
*चौंधाया*
*बीन रहा है*
*उसे अकेला एक कुरर।*

इसमें दो शब्दों का अर्थ जानना जरूरी है—एक तो 'कनक', जो पंजाबी में गेहूँ को कहते हैं और दूसरा 'कुरर', जो क्रौंच पक्षी का दूसरा नाम है। 'सूप' शब्द से शहर की नई पीढ़ी परिचित नहीं है। मैंने अपनी नतिनी कचनार से पूछा कि तुम 'सूप' का मतलब समझती हो, तो उसने उत्तर दिया—हाँ, मैंने सूप पिया है। उसके बाद मेरी पत्नी अंदर गईं और एक सूप निकालकर ले आईं और उसे दिखलाते हुए कहा—हिंदी का सूप यह है। तुम जिस सूप के पीने की बात कह

रही हो, वह अंग्रेजी का सूप है। बचपन में जब मैं अपने पोते लावण्य को कहानियाँ सुनाता था, तो स्वाभाविक रूप से उसमें हल, कुदाल, खुरपी, ऊखल, मूसल, सिलौटी, लोढ़ी आदि का जिक्र आता था। वह हर बार मुझसे पूछता था—बाबा, यह क्या होता है? यह सांस्कृतिक संकट है कि नई पीढ़ी अपने निकट अतीत से भी कटती जा रही है। दिनकरजी ने 'भारत का यह रेशमी नगर' शीर्षक कविता में दिल्ली के बारे में कहा था कि उसे इसकी भी चिंता नहीं है कि 'खाते हैं जो वह अन्न कौन उपजाता है'। बहरहाल, 'सूप-सूप भर/धूप कनक/यह सूने नभ में गई बिखर' इस चित्र का सौंदर्य अकूत है।

इसी तरह की एक कविता है 'पगडंडी'। इसमें पगडंडी पहाड़ से नीचे उतरती है। नीचे जो उपत्यका है, वह खिले हुए फूलों से भरी है। इसी दृश्य को कवि चित्रांकित करता है :

*यह पगडंडी*
*चली लजीली*
*इधर-उधर, अटपटी चाल से नीचे को, पर*
*वहाँ पहुँच कर घाटी में—**खिलखिला उठी** !*

*कुसुमित उपत्यका।*

नीचे की पंक्ति को छोड़ दें, तो ऊपर की सभी पंक्तियों में तत्सम शब्दों का ही प्रयोग हुआ है। अंत में 'कुसुमित उपत्यका' इन दो तत्सम शब्दों के प्रयोग के द्वारा कवि कविता के स्तर को बहुत ऊपर उठा देता है। बाद के कवियों ने भाषागत आभिजात्य के विरुद्ध आंदोलन चलाया और मौजूदा समाज के यथार्थ चित्रण के लिए आभिजात्य भाषा के प्रयोग को पाखंड बतलाया। यहाँ डा. रामविलास शर्मा का यह कथन स्मरणीय है कि हमारा उद्देश्य निम्नकोटि के जीवन-स्तर को उच्चकोटि के जीवन-स्तर तक उठाना ही है, यानी सामान्य को अभिजात बनाना। लेकिन नए कवि अपनी विद्रोह-भावना के आगे ऐसे सुझावों को भी कोई महत्त्व नहीं देते। 'मैंने देखा, एक बूँद' का उत्तरार्ध रहस्यात्मक है, लेकिन उसके पूर्वार्ध में एक विलक्षण प्रकृति-चित्र देखने को मिलता है, जो जितना ही सरल है, उतना ही प्रोद्भासित। वह चित्र है :

*मैंने देखा*
*एक बूँद सहसा*
*उछली सागर के झाग से :*
*रँगी गई क्षण भर*
*ढलते सूरज की* ***आग*** *से।*

कभी-कभी तद्भव शब्दों में तत्सम शब्दों की तुलना में अधिक जोर दिखलाई पड़ता है। इसी चित्र में यदि 'आग' की जगह 'अग्नि' का प्रयोग हुआ होता, तो उससे आग का प्रोद्भास नहीं दिखलाई पड़ता।

## 3

जैसे-जैसे अज्ञेय अंतर्मुखी होते गए हैं, वैसे-वैसे उनमें प्रकृति-चित्रण कम होता गया है। डा. नामवर सिंह ने एक बार दिल्ली की एक गोष्ठी में कहा था—आप लोग गइराई की बहुत बात करते हैं। मैं उसका विरोध नहीं करता, सिर्फ यह कहता हूँ कि गहराई में जाइए, तो वहीं रह मत जाइए। वहाँ से फिर बाहर चले आइए। अज्ञेय की अंतर्मुखता भी अखंड नहीं है। स्वभावतः वे बीच-बीच में बाहर आते हैं और प्रकृति को ही अपने सर्वाधिक निकट पाकर कभी उसका स्वतंत्र रूप में चित्रण करते हैं और कभी उसके सहारे अपने अन्य भावों की अभिव्यक्ति। नीचे उद्धृत काव्यांश में भी पगडंडी आती है, लेकिन भिन्न ढंग से। उसके साथ और भी बहुत सारी चीजें हैं। सबों का चित्रण *सक्रिय* रूप में किया गया है, निष्क्रिय रूप में एकदम नहीं। ये पंक्तियाँ 'भीतर जागा दाता' शीर्षक कविता से ली गई हैं, जो अज्ञेय की फसलों की जानकारी की पक्की सूचना देती है,—

*हरियाली बिछ गई तराई पर,*
*घाटी की पगडंडी*
***लजाई*** *और ओट हुई—*
*पर चंचला रह न सकी, फिर उझकी और* ***झाँक गई****।*
*छरहरे पेड़ की नई* ***रँगीली*** *फुनगी*
*आकाश के भाल पर जय-तिलक आँक गई।*

*गेहूँ की हरी बालियों में से*
*कभी राई की उजली, कभी सरसों की पीली फूल-ज्योत्स्ना **दिप गई**,*
*कभी लाली पोस्ते की सहसा **चौंका गई**—*
*कभी लघु नीलिमा तीसी की चमकी और **छिप गई**।*

घाटी से लेकर खेत तक कितने रंगारंग हैं। विदेश में लिखी गई 'पराई राहें' शीर्षक कविता में आनेवाला यह चित्र भी द्रष्टव्य है, जो पहले के वर्णनों की तरह ही सटीक और सजीव है,—

*छनी हुई धूप की सुनहली कनी को बीन,*
*तिनके की लघु अनी मनके-सी बींध, गूँथ, फेरती*
*सुमिरनी।*

प्रस्तुत संग्रह के एक खंड का नाम अज्ञेय ने 'चक्रांत शिला' रखा है। 'चक्रांत' का अर्थ भव-चक्र का अंत यानी उससे मुक्ति है। जैन धर्म में एक सिद्ध शिला की कल्पना की गई है, जो पृथ्वी के गुरुत्वाकर्षण की समाप्ति के बिंदु पर स्थित है और जिस पर कैवल्यप्राप्त आत्माएँ प्रतिष्ठित होती हैं। अज्ञेय ने रहस्यात्मक कविताओं के खंड के लिए शीर्षक स्वरूप यह शब्द गढ़ लिया है—'चक्र' और 'शिला' को लेकर, जैसे 'क्रोश-शिला'। इस प्रकार 'चक्रांत शिला' का अर्थ हुआ भव-चक्र से मुक्ति के बाद का मुकाम। इस खंड के अंत में 'दूज का चाँद' शीर्षक यह छोटी-सी कविता आई है—

*मेरे छोटे घर-कुटीर का दिया*
*तुम्हारे मंदिर के विस्तृत आँगन में*
***सहमा-सा** रख दिया गया।*

इसमें 'दिया' 'मैं' का प्रतीक है और 'तुम्हारे' परमात्म को सूचित करता है। रहस्यात्मकता इस चित्र पर आरोपित नहीं है, फिर भी इसे उससे मुक्त करके देखें तब भी आकाश के विस्तृत प्रांगण में जलता हुआ एक तारक-दीप सुंदर दृश्य की सृष्टि करता है।

'कितनी नावों में कितनी बार' अज्ञेय का वह संग्रह है, जिस पर उन्हें ज्ञानपीठ पुरस्कार प्राप्त हुआ था। इसमें एक कविता है 'संध्या-संकल्प', जिसके आरंभ में ही हमें यह चित्र मिलता है–

*यह सूरज का **जपा-फूल***
*नैवेद्य चढ़ चला*
*सागर-हाथों*
*अंबा तिमिरमयी को।*

नई कविता में मिथकीय बिंबों पर भी विचार किया गया है। यहाँ हमें उसका एक उदाहरण मिलता है। अंबा जगदंबा हैं, जिन्हें कवि जपा-पुष्प निवेदित करता है, सागर के हाथों से। यह वर्णन वस्तुतः सागर पर सूर्यास्त का वर्णन है, जिसे उपस्थित करने के लिए अज्ञेय ने मिथक का सहारा लिया है। अंबा 'तिमिरमयी' हैं। इससे यह संकेत मिलता है कि वे कालिका हैं। दूसरा चित्र 'प्रातः संकल्प' कविता के आरंभ में आता है। इसमें 'आस्था' तो है ही, रात्रिकालीन आकाश को सूर्य के रथ के घोड़ों से खूँद डालने का बहुत उदात्त वर्णन है–

*ओ आस्था के अरुण!*
*हाँक ला*
*उस ज्वलंत के घोड़े।*
***खूँद डालने दे***
*तीखी **आलोक-कशा** के तले तिलमिलाते पैरों को*
***नभ का कच्चा आँगन**!*

इस संग्रह की अंतिम प्रकृति-कविता है 'समय क्षण-भर थमा'। इसमें समय क्षण-भर के लिए जैसे रुक जाता है और अपने डैने तोलकर क्षितिज की ओर उड़ जाता है, साथ ही साँझ की मद्धिम लालिमा पश्चिमी आकाश में ढरक पड़ती है। पक्षी तो अज्ञेय के प्रिय हैं ही, मद्धिम लालिमा का 'ढरकना' भी मोहक प्रयोग है। लालिमा इतनी मद्धिम है कि दिखलाई नहीं पड़ती, इसलिए वह अलक्षित है। कवि की संवेदना सर्वत्र उदात्त चित्रों में ही प्रकट हो यह आवश्यक नहीं। उसकी पहचान तो दरअसल सूक्ष्म दृश्यों के सरल चित्रण में ही होती है, यथा–

*समय क्षण-भर **थमा-सा** :*
*फिर तोल डैने*
*उड़ गया पंछी क्षितिज की ओर,*
*मद्धिम लालिमा ढरकी अलक्षित।*

'सागर-मुद्रा' में एक छोटी-सी कविता है : 'झरना : झरता पत्ता/हरी डाल से/अटक गया'। झरने को देखकर कवि को ऐसा क्यों लगता है कि डाल से टूटकर एक हरा पत्ता नीचे गिरने के बदले बीच में ही रुका रह गया है? दरअसल उसका ध्यान झरने से गिरनेवाले जल की निरंतरता पर है। जैसे पत्ता डाल से टूटकर बीच में ही अटक गया हो, वैसे ही जल नीचे गिरता है, लेकिन लगता है कि वह बीच में ही रुक गया है। यह चित्र बहुत मूर्त नहीं है, लेकिन कवि ने जो कुछ कहा है, उसे पकड़कर उसके मन तक जाया जा सकता है। एक अन्य कविता में देखिए, जिसके चित्रांकन में कवि ने सुई की नोक-जैसी सूक्ष्म संवेदनशीलता का परिचय दिया है—

*पहाड़ नहीं काँपता,*
*न पेड़, न तराई;*
*काँपती है ढाल पर के घर से*
*नीचे झील पर **झरी***
*दिए की लौ की*
*नन्ही परछाईं।*

इसमें कवि ने नीचे की झील पर ऊपर के घर से झरनेवाली दिए की लौ की नन्ही परछाईं का वर्णन किया है। आप भी मानेंगे कि यह वर्णन अतिशय सूक्ष्म है और यहाँ तक अज्ञेय अपने उत्तर काव्य में ही पहुँचते हैं। एक कविता में प्रकृति का और सादा-सा वर्णन है :

*देर तक हवा में*
*अलूचों की पंखुरियों को*
*तिरछी झरते*
*देखा किया हूँ।*
*नहीं जानता कि तब*

*अतीत में कि भविष्य में*
*कि निरे वर्तमान के*
*क्षण में जिया हूँ।*

इस वर्णन को पढ़कर मुझे मशहूर पाकिस्तानी शायर नासिर काजमी से संबंधित एक घटना याद आई। एक बार एक सज्जन उनसे मिलने के लिए उनके घर पर पहुँचे। वे उनका इंतजार कर ही रहे थे कि काजमी साहब तैयार होकर छड़ी लिए हुए बाहर निकले। उन सज्जन ने पूछा—हुजूर, कहाँ जा रहे हैं? काजमी साहब ने उत्तर दिया—जबसे हिंदुस्तान छूटा, पत्तों को झड़ते हुए नहीं देखा, सो बगीचे में उन्हें झड़ते हुए देखने जा रहा हूँ। पत्तों के झरने में क्या सौंदर्य निहित है, यह उपर्युक्त पंक्तियों से जाना जा सकता है। अलूचों की पंखुड़ियाँ झड़ रही हैं, तिरछे। एक 'तिरछे' शब्द चित्र को मूर्त कर देता है। आगे की पंक्तियों में जिस क्षण का जिक्र है, उसी क्षण का मोल है, भले वह अतीत का हो, या भविष्य का, या वर्तमान का। इस संग्रह की अंतिम प्रकृति-कविता भी सादी ही है, लेकिन उसमें जिस दृश्य का वर्णन किया गया है, वह अत्यंत ओजस्वी है, यथा—

*वहाँ*
*एक चट्टान है*
*सागर उमड़ कर उससे टकराता है*
*पछाड़ खाता है*
*लौट जाता है*
*फिर नया ज्वार भरता है*
*सागर फिर आता है।*

इस दृश्यांकन में कोई पेच नहीं है, लेकिन आगे की पंक्तियों से कवि ने उन्हें एक गहराई दे दी है। तात्पर्य यह कि प्रकृति कविता लिखने की भी कोई एक विधि नहीं है। अनेक ज्ञात-अज्ञात विधियों से प्रकृति का विशिष्ट वर्णन किया जा सकता है।

'पहले मैं सन्नाटा बुनता हूँ' संग्रह की कविता 'वन-झरने की धार' की आरंभिक पंक्तियों में भी कवि प्रकृति का सिर्फ स्पर्श प्राप्त करता है। उसमें कोई

ऐसा प्रयोजन नहीं है, जिसे उससे लिया और पाठकों को दिया जा सके। ऐसा लगता है कि कुछ अन्य दृश्यों की तरह झरने की धारा भी अज्ञेय को प्रिय रही है। उक्त कविता की आरंभिक पंक्तियाँ हैं—

*मुड़ी डगर*
*मैं ठिठक गया।*
*वन-झरने की धार*
*साल के पत्ते पर से*
*झरती रही।*
*मैंने हाथ पसार*
*दिए, वह शीतलता चमकीली*
*मेरी अँजुरी*
*भरती रही।*

'चमकीली' विशेषण शीतलता को प्रत्यक्ष कर देता है और 'अँजुरी' शब्द अभिव्यक्ति को एक मिठास से भर देता है, जो 'अंजलि' के प्रयोग से संभव नहीं था। विदेश में कवि को घर की याद आती है। वह याद उसे प्रकृति के माध्यम से ही आती है। 'घर की याद' कविता में उसने प्रकृति को याद किया है, सिर्फ उसकी गतियों के माध्यम से। नीचे के उद्धरण से बात स्पष्ट हो जाएगी—

*गतियों के आकार—जैसे हिरन की कूद*
*या सारस की कुलाँच*
*या छायाओं के जाल-डोरों में से*
*किरण-पंछियों की सरकन?*

प्रकृति को सभी कवि देखते हैं, उसमें विभिन्न प्रकार की गतियाँ हैं, यह भी उनके अनुभव में आता है, लेकिन वे उन्हें अलग-अलग करके अज्ञेय की तरह मूर्तित नहीं कर पाते। 'हिरन की कूद', 'सारस की *कुलाँच*' और 'किरण-पंछियों की *सरकन*' ये कवि को विदेश में याद आती हैं। यह संदर्भ इस अभिव्यक्ति को

अत्यंत मार्मिक बना देता है। आश्चर्य की बात नहीं कि अपने घर की याद के बारे में कवि इस कविता में आगे-पीछे बहुत सारी बातें कहता है। उसके मन में यायावरी छोड़ देने की बात भी प्रश्न बनकर उठती है, लेकिन वह कहता है कि मैं यात्रा करता ही रहा, तो उससे क्या? यानी घर की याद तो हमेशा हमारे साथ है। इस संग्रह के अंत की कविताएँ 'नंदा देवी' खंड में रखी गई हैं। एक कविता में कवि ने नंदा देवी के बहुत नीचे का यह वत्सल चित्र अंकित किया है : 'नदी की घेरती-सी वत्सल कुहनी के मोड़ में/सिहरते-लहरते शिशु धान'। यहाँ फिर नदी का मोड़ है। वह तो अज्ञेय को प्रिय रहा ही है, धान भी उन्हें प्रिय रहा है। स्वभावतः उनकी कविता में धान के कई रूप मिलते हैं। यहाँ जो धान हैं, वे शिशु हैं। इसी से नदी की *वत्सल* कुहनी का मोड़ उन्हें घेरता है। यह चित्र इस बात का प्रमाण है कि अज्ञेय बहुत ही सचेत कवि हैं। इस कारण उनका कोई चित्रण असंगत नहीं होता। जिस कवि को प्रकृति से इतना प्रेम है, उसे इसकी चिंता भी होनी चाहिए। प्राकृतिक पर्यावरण का विनाश मनुष्यता के लिए घातक सिद्ध होने जा रहा है। एक कविता में वे कहते हैं :

*नंदा,*  
*बीस-तीस-पचास वर्षों में*  
*तुम्हारी वन-राजियों की लुगदी बना कर*  
*हम उस पर*  
*अखबार छाप चुके होंगे;*  
*तुम्हारे सन्नाटे को चींथ रहे होंगे*  
*हमारे धुँधुआते शक्तिमान ट्रक,*  
*तुम्हारे झरने-सोते सूख चुके होंगे*  
*और तुम्हारी नदियाँ*  
*ला सकेंगी केवल शस्य-भक्षी बाढ़ें*  
*या आँतों को उमेठने वाली बीमारियाँ,*  
*तुम्हारा आकाश हो चुका होगा*  
*हमारे अतिस्वन विमानों के*  
*धूम-सूत्रों का गुंझर।*

आप चाहें, तो इस काव्यांश को कवि का वक्तव्य मान लें, पर असल चीज प्रकृति के विनाश के बाद दिखलाई पड़नेवाला घातक दृश्य है, जिससे प्रकृति-प्रेमी कवि भाग नहीं सकता। 'चला चल डगर पर/नंदा को निहारते' कविता में कवि ने पर्वत की घाटी में बसे एक गाँव के साधारण जीवन का सटीक चित्रण किया है। इसी में उसने कहा है : 'लौटती हुई बकरियाँ/मढ़ जाती हैं/कतकी धूप के ढलते सोने में'। 'कतकी पूनों' शीर्षक कविता के चित्र हम देख चुके हैं, यहाँ 'कतकी धूप' के ढलते सोने से मंडित बकरियों को देखें। अगली कविता में कवि ने कहा है :

*यह भी तो एक सुख है*
*(अपने ढंग का क्रियाशील)*
*कि चुप निहारा करूँ*
*तुम्हें*
*धीरे-धीरे खुलते!*
*तुम्हारी भुजा को बादलों के उबटन से*
*तुम्हारे वदन को हिम-नवनीत से*
*तुम्हारे विशद वक्ष को*
*धूप की धाराओं से घुलते!*

इस उद्धरण का ऊपरी अंश संदर्भ स्पष्ट करने के लिए है। मेरा ध्यान 'बादलों के उबटन', 'हिम-नवनीत' और 'धूप की धाराओं' पर है। प्रेयसी के प्रसंग में लाए गए इन प्राकृतिक उपादानों से एक बार फिर यह स्पष्ट हो जाता है कि मनुष्य और प्रकृति तथा प्रकृति और मनुष्य ये एक-दूसरे से अलग नहीं किए जा सकते। इसके भी आगे आनेवाली पूरी कविता है–

*कितनी जल्दी*
*तुम* ***उझकीं***
***झिझकीं***
***ओट हो गईं,*** *नंदा!*
*उतने ही में* ***बीन ले गईं***
*धूप-कुंदन की*

*अंतिम कनिका।*
*देवदारु के तनों के बीच*
*फिर तन गई*
*धुंध की झीनी यवनिका!*

श्रेष्ठ कवि का प्रकृति चित्रण जैसे कल्पना के बिना संभव नहीं है, वैसे ही उसका ग्रहण भी उसके बिना संभव नहीं है। अकारण नहीं कि जो चित्रण जितना महत्त्वपूर्ण होता है, वह पाठकों की कल्पना-शक्ति को उतना अधिक उत्तेजित करता है। ऊपर जो कविता उद्धृत की गई है, उसमें साँझ का वर्णन है। कवि सिर्फ यह कहता है कि सूर्यास्त के समय की अंतिम किरणें नंदा देवी के श्रृंग पर ही दिखलाई पड़ती हैं। नीचे तो देवदारु के वृक्ष हैं, जिनके बीच प्रभात-पूर्व का झीना अंधकार फैल गया है, जो धीरे-धीरे गहरा होता जाएगा। स्पष्टतः ये बातें कवि कहता नहीं है, पाठकों की कल्पना पर छोड़ देता है।

'महावृक्ष के नीचे' नामक संग्रह की कविताओं में जो प्रकृति-चित्रण है, वह भी हर प्रकार के अतिरेक से मुक्त है। 'साल-दर-साल' कविता के अंत में :

*अगले बरस फिर*
*कहीं किसी गाँठ में*
*दरार से*

*एक नई कोंपल*
*फूट आएगी*
*जिस पर*
*मँडराएगी*
*उतरेगी*
*पिद्दी सी फुल चुही :*
*प्यार से*
*जिद्द करती*
*गाएगी!*

इसमें कोयल, या पपीहे, या मोर का वर्णन न होकर एक छोटी-सी चिड़िया फुलसुंघी का वर्णन है। कवि ने उसे 'पिद्दी-सी' कहा है और 'जिद्द' का प्रयोग करके उस प्रयोग को संतुलित किया है। जितने प्यार से वृक्ष की नई कोंपल पर उतरकर फुलसुंघी गाएगी, उतने ही प्यार से कवि ने उस छोटी-सी चिड़िया को याद किया है। बिना प्यार और ऐसी ममता के प्रकृति-चित्रण प्रभावशाली अथवा मर्म-स्पर्शी नहीं हो सकता। यह हृदय-रंजन चित्र देखिए—

*हाँ, शरद आया*
*ऊपर*
*खुली नीली झील—*
*तिरते बादलों के पाल...*

*शरद तो आया :*
*मदिर आलोक फल लाया :*
*नहीं पर इस बार*
*दीखे हृदय-रंजन*
*युगल खंजन!*

तुक नई कविता में भी अभिव्यक्ति को एक स्पृहणीय पूर्णता प्रदान करती है, यह ऊपर की पंक्तियों में 'रंजन' और 'खंजन' की तुकबंदी से जाना जा सकता है। 'शरद तो आया' के बाद 'नंदा' शीर्षक कविता में चीड़ वृक्ष का बहुत मनोहारी वर्णन है। पहली कविता के पहले बंद को कल्पना को जहाँ हलका-सा स्पर्श प्राप्त था, वहाँ दूसरी कविता में कल्पना के योग से कवि ने एक सुंदर चित्र बनाया है, जो मात्र सरल नहीं है—

*चीड़ की पत्तियाँ*
*तमिया गई हैं*
*छोरों पर—*
*(बस, आग की फुनगी-सी*
*पीतिमा कोरों पर)—*

*डालें मुड़-**मुड़कर***
*ऊपर को जाती-सी*
*हवा के झोंके के साथ*
*मंडल बनाती-सी।*

*चीड़ : दीप-लक्ष्मी*
*निर्जन में*
*नंदा की*
***आरती उतारती!***

पहले बंद में चीड़ की पत्तियों के ताम्रवर्णी होने का वर्णन है, जिनके छोर अग्नि-शिखा की तरह पीतवर्णी हैं। इस तरह यहाँ रंगों का हृदयहारी संयोजन है, लेकिन मेरा ध्यान नीचे के दो बंदों पर है। चीड़ की डालें, जो मुड़-मुड़कर ऊपर की ओर जाती हैं, उनसे हवा के झोंके के साथ एक वृत्त बनता है। कवि कहता है कि उसे देखकर लगता है कि चीड़ रूपी दीप-लक्ष्मी निर्जन में नंदा की आरती उतार रही हों। अज्ञेय यहाँ भी अपने सचेत कवि होने का परिचय देते हैं, क्योंकि ताम्रवर्णी पत्तियाँ अपने छोरों पर पीतवर्णी हैं! इससे आरती उतारने की कल्पना का पूरा सामंजस्य हो जाता है। 'वीणा' शीर्षक कविता के आरंभ में फिर आकाश में तिरते डैने फैलाए पक्षी दिखलाई पड़ते हैं। आकाश प्रकाश का अछोर सागर है, तो ये पक्षी वे नावें, जो पाल फैलाए दूर अनजान किनारे की तरफ जा रही हैं,—

पहले उसने कहा देखो देखो आकाश वह **प्रकाश का सागर** अछोर
और मैंने देखा तिरते पंछी फैलाए डैने **मानो नावें**
**पसारे पाल जातीं दूर अजाने किनारे की ओर**

इस लेख का अंत 'धावे' शीर्षक कविता को पूरा उद्धृत करके करना चाहता हूँ। कवि जब बुरूस, अनार और कचनार के फूलों को देखता है, तो उसे ऐसा प्रतीत होता है कि उसके अकेले दिल पर चारों ओर से धावे पर धावे हो रहे हैं। यह कविता प्रकृति के प्रति अज्ञेय की संवेदनशीलता का चरम उदाहरण प्रस्तुत करती है, यथा—

पहाड़ी की ढाल पर
लाल फूला है
बुरूस, **ललकारता;**
हर पगडंडी के किनारे
कली खिली है
अनार की;

और यहाँ
अपने ही आँगन में
अनजान
**मुस्कुरा रही है यह**
कांचनार।

दिल तो दिया-दिलाया एक ही विधाता ने :
**धावे** मगर
**उस पर बोले हजार!**

# होने और न होने की सीमा-रेखा पर

भक्ति-काल में रहस्यवाद का विरोध, निर्गुण भक्ति के विरोध के रूप में, सूर और तुलसी ने किया था। आधुनिक काल में रहस्यवाद के दो प्रबल विरोधी हुए—आचार्य रामचंद्र शुक्ल और मुक्तिबोध। आचार्य शुक्ल ने अपने विरोध में भी जायसी के रहस्यवाद को स्वीकार करने की गुंजायश निकाल ली, जबकि मुक्तिबोध के साथ यह हुआ कि डा. रामविलास शर्मा ने स्वयं उन्हीं पर रहस्यवादी होने का आरोप मढ़ दिया। मुक्तिबोध ने अज्ञेय की कविता को विकृत कर उसका मनमाना अर्थ किया था, डा. शर्मा ने उनकी कविता को विकृत कर उसमें रहस्यवाद की स्थिति बतलाई!

रहस्यवाद की व्याख्या सही समाजिक और सांस्कृतिक परिप्रेक्ष्य में की जाए, यह आग्रह हिंदी में पहली बार डा. नामवर सिंह ने किया। स्पष्ट है कि उसके प्रति उनका दृष्टिकोण निषेधात्मक नहीं था। आचार्य हजारीप्रसाद द्विवेदी ने भी न कबीर के रहस्यवाद को अस्वीकार किया है, न रवींद्रनाथ के रहस्यवाद को, क्योंकि वे उसके मर्म से परिचित थे। रहस्यवाद क्या है? क्यों कोई कवि रहस्यवादी हो जाता है? रवींद्रनाथ का नाम लिया गया। वे भारत के सर्वश्रेष्ठ राष्ट्रीय कवि होते हुए भी रहस्यवादी थे। प्रसाद और निराला की कविता के अनेक आयाम हैं, जिनमें एक मुख्य आयाम रहस्यवाद का है। पंत भी रहस्यवादी हैं और महादेवी के रहस्यवादी होने में तो किसी को संदेह नहीं हो सकता। डा. शर्मा ने निराला के रहस्यवाद को उनके यथार्थ-बोध के मार्ग में बाधक पाकर उसे उनकी असंगति बतलाया है। कविता में असंगत कुछ नहीं होता, क्योंकि उसमें सब कुछ कवि के गहरे अनुभवों की प्रक्रिया से होकर बाहर आता है। ऐसी स्थिति में यह सर्वथा स्वाभाविक है कि उसकी दो कविताओं के बीच संगति न

हो। संगति ढूँढ़ना कविता या साहित्य को किसी साहित्येतर दृष्टि से देखना है, जैसे लेनिन ने तोलस्तोय के 'वार एंड पीस' को राजनीतिक दृष्टि से देखा था। वह दृष्टि साहित्यालोचन की समीचीन दृष्टि नहीं हो सकती, क्योंकि वह रचनाकार के अनुभव-वैविध्य का विरोध करती है। रचनाकार को पूरी स्वतंत्रता है कि वह जहाँ चाहे, जाए, जिन अपरिचित पथों पर किन्हीं ने संचरण नहीं किया, उन पथों पर संचरण करे; जिन गहराइयों को अब तक किन्हीं ने नहीं थाहा, उनकी थाह ले।

हमने 'रहस्यवाद' की एक परिभाषा गढ़ ली है, और उसी के निकष पर, अशोक वाजपेयी के शब्दों में, दाखिल-खारिज करते रहते हैं। यह सोचने का कभी कष्ट नहीं करते कि रहस्यवाद एक प्रकार का नहीं होता। आचार्य शुक्ल ने उसे साधनात्मक और भावात्मक इन दो कोटियों में बाँटा था। मोटा-मोटी यह विभाजन सही है, लेकिन भाव के भी अनेकानेक रूप हो सकते हैं। छायावाद से ही उदाहरण लें, तो प्रसाद के रहस्यवाद का आधार है—शैव अद्वैतवाद और निराला के रहस्यवाद का वेदांत। लेकिन पंतजी का रहस्यवाद अरविंदवाद का अनुसरण करता है और महादेवीजी का रहस्यवाद शांकर अद्वैतवाद का। रहस्यवाद के भीतर झाँकने से उसका वैशिष्ट्य स्पष्ट होगा। आचार्य शुक्ल ने यह भी कहा है कि प्रत्येक रहस्यवाद के पीछे कोई न कोई दार्शनिक सिद्धांत होता है। स्पष्टतः इससे उनका तात्पर्य रहस्यवादी कवि के अमौलिक होने से है। सोचने की बात यह है कि कोई सच्चा कवि रहस्यवाद की तरफ क्यों चला जाता है? इसका सीधा-सा उत्तर है कि वह अपने अहं से ऊपर उठकर जो विराट निरहं है, उसमें लय होना चाहता है। पूछा जा सकता है कि इससे क्या फायदा? यदि कोई कवि अनंत में विलीन ही हो जाता है और उसकी कविता उसी का संदेश देती है, तो निश्चय ही यह यथार्थ-जगत् से पराङ्मुख होना है, लेकिन यदि वह उस विराट् निरहं का बोध लेकर, अपने व्यक्तित्व को सुरक्षित रखते हुए आगे बढ़ता है, तो यह यथार्थ से उसका पलायन नहीं, बल्कि उसे एक बृहत्तर दृष्टि से देखना है। यदि किसी कवि के पास यह बृहत्तर दृष्टि न हो, तो यथार्थ की भयावहता उसे विक्षिप्तावस्था में पहुँचा देगी। एक बात और है। वह यह कि जरूरी नहीं कि वह दृष्टि धार्मिक या दार्शनिक ही हो। संकेत किया जा चुका है कि वह स्वतंत्र भी हो सकती है। नागार्जुन ने प्रायः व्यक्ति पर समाज को महत्त्व दिया, लेकिन उनकी बृहत्तर दृष्टि मार्क्सवाद से प्रभावित है। बावजूद इसके उन्होंने पूरी स्वतंत्रता

से कविता लिखी। अज्ञेय को अस्तित्ववादी माना जाता रहा है, लेकिन उनका रहस्यवाद अस्तित्ववाद से परे है, भले उनमें कभी अस्तित्ववादी शब्दावली मिल जाए। यह सही है कि समाज को स्वीकार करते हुए उनमें समाज को उतनी जगह नहीं मिली, जितनी नागार्जुन में। लेकिन यह क्या जरूरी है कि एक कवि दूसरे कवि की तरह ही हो? देखने की बात व्यापक दृष्टि नहीं, बल्कि अनुभूति की सच्चाई और गहराई है, जो अज्ञेय में भरपूर है।

रहस्यवाद से घबड़ाने की कतई जरूरत नहीं है, क्योंकि यह ऊपर से आनेवाली कोई चीज न होकर मनुष्य के भीतर से ही पैदा होनेवाली चीज है। उपनिषदें हों, या शंकराचार्य का द्वैतवाद, या विवेकानंद का व्यावहारिक वेदांत, सभी इसी बात पर जोर देते हैं कि अपने अहं के खोल से निकलो और आँख खोलकर विराट् के दर्शन करो। वह विराट् चतुर्दिक फैले मानव और प्रकृति-लोक को छोड़कर और कुछ नहीं हो सकता। आप कह सकते हैं कि इन्हें तो माया की सृष्टि कहा गया है। लेकिन बृहत्तर दृष्टि प्राप्त हो जाने के बाद माया का पर्दा भी उठ जाता है और सारी चीजें अपने सही रूप में अपने स्थान पर दिखलाई पड़ती हैं। 'महाशून्य' की अज्ञेय ने भी दुहाई दी है, लेकिन वह महाशून्य 'कुछ नहीं' न होकर यह लोक ही है, जो एक तरफ से देखने पर विविध रंगों और आकारोंवाला दिखलाई पड़ता है, और दूसरी तरफ से देखने पर एकरूप महाशून्य। मनुष्य वस्तुतः अपने आप में पूर्ण नहीं है, उसे पूर्णता उक्त विराट् से अपने को जोड़ने से ही प्राप्त होती है। मनुष्य केवल शरीर या केवल विचार नहीं है। विचार शरीर यानी मस्तिष्क से ही उत्पन्न होते हैं, लेकिन वे शरीर या मस्तिष्क नहीं हैं। शरीर मूर्त है और विचार अमूर्त। ये दोनों मिलकर ही मनुष्यत्व को संभव बनाते हैं। जिस प्रकार शरीर के लिए विचार आवश्यक है, उसी प्रकार धरती के लिए आकाश। दोनों को एक-दूसरे से अलग नहीं किया जा सकता। रहस्यवाद इसी मूर्त और अमूर्त, सांत और अनंत तथा 'ससीम' और 'असीम' के मिलन का नाम है। जिसकी दृष्टि रहस्यवादी हो जाती है, वह 'स्वार्थी' नहीं हो सकता, 'परमार्थी' हो जाता है। ध्यान देने लायक है कि 'स्वार्थ' का विपरीतार्थक 'परार्थ' न कहकर 'परमार्थ' कहा गया है, क्योंकि 'स्वार्थ' से मुक्त होना ही परम अर्थ को प्राप्त करना है।

रवींद्रनाथ की दृष्टि असीम हो गई थी, जिसका स्पष्ट परिचय हमें दो बातों से मिलता है। एक तो यह कि महाप्रयाण के पहले वे यह निर्देश दे गए थे कि

शांतिनिकेतन के चारों ओर कभी दीवारों की घेराबंदी नहीं की जाएगी और उसके परिसर में जो कुछ है, वह सब पूर्ववत् सुरक्षित रहेगा। इसीलिए उसमें आदिवासियों के गाँव, उनके मेले-ठेले और उनके पर्व-त्योहार सब यथावत् चल रहे हैं। जब आप शांतिनिकेतन के किसी कक्ष में व्याख्यान दे रहे होते हैं, तो सामने से ढोर हाँकता कोई आदिवासी दिखलाई पड़ता है। यह रवींद्रनाथ का रहस्यवाद है। उसका दूसरा उदाहरण मैं उनकी 'शा-जाहान' शीर्षक लंबी कविता से निम्नलिखित काव्यांश उद्धृत करके देना चाहूँगा–

*हे सम्राट कवि,*
*एइ तव हृदयेर छवि,*
*एइ तव नव मेघदूत,*
*अपूर्व अद्‌भुत*
*छंदे गाने*
*उठियाछे अलक्ष्येर पाने–*
*येथा तव विरहिणी प्रिया*
*रयेछे मिशिया*
*प्रभातेर अरुण-आभासे,*
*क्लांत संध्या दिगंतेर करुण निश्वासे,*
*पूर्णिमाय देहहीन चामेलीर लावण्यविलासे,*
*भाषार अतीत तीरे*
*काङाल नयन येथा द्वार हते आसे फिरे फिरे।*
*तोमार सौंदर्यदूत युग युग धरि*
*एड़ाइया कालेर प्रहरी*
*चलियाछे वाक्यहारा एइ वार्ता निया–*
*'भुलि नाइ, भुलि नाइ, भुलि नाइ प्रिया।'*

[ये सम्राट कवि, यही क्या तुम्हारे हृदय की तसवीर है? यही क्या तुम्हारा अपूर्व, अद्‌भुत और नवीन मेघदूत है, जो छंद और गान के रूप में अलक्ष्य की ओर उठा हुआ है? अलक्ष्य की ओर, जहाँ तुम्हारी विरहिणी प्रिया प्रभात की लालिमा में घुली-मिली हुई है; पूर्णिमा में देहहीन चमेली के लावण्य-विलास में विराजती

है; फिर वह भाषातीत तीर पर स्थित है, जहाँ कंगाल नयन द्वार से लौट-लौट आते हैं! तुम्हारा सौंदर्य-दूत काल-प्रहरी को अमान्य करता हुआ युग-युगांतर के लिए वाक्यहीन यह संदेश लेकर चला है कि 'प्रिए, मैं तुझे भूला नहीं, भूला नहीं, भूला नहीं।]

स्मरणीय है कि यह कविता ताजमहल को विषय बनाकर लिखी गई है, जो कि एक ठोस स्थापत्य है। कवि-गुरु ने अपनी बृहत्तर दृष्टि के स्पर्श से उसे भी मूर्त से अमूर्त, ससीम से असीम, सांत से अनंत और लक्ष्य से अलक्ष्य बना दिया है।

'बावरा अहेरी' में अज्ञेय ने स्पष्ट कर दिया है कि वे जिस शक्ति अथवा ज्योति की बात करते हैं, वह बाहर से आई हुई नहीं, बल्कि शरीर से ही उत्पन्न है। इस तरह रूप और तत्त्व में गहरा संबंध है। कहा जा सकता है कि एक के बिना दूसरे का अस्तित्व संभव नहीं है। आत्मा-परमात्मा के संबंध में यह परंपरागत धारणा रही है कि शरीर में आत्मारूपी पक्षी रहता है और मृत्यु के बाद वह परमात्मा से मिल जाता है। इन दोनों के बीच में माया का आवरण है, जिसे ज्ञान से दूर कर जीवन-काल में भी मुक्ति प्राप्त की जा सकती है। ज्ञान के अलावा योग को भी एक साधन बतलाया गया है। जिन्हें जीवन-काल में ही मोक्ष प्राप्त हो जाता है, उन्हें जीवनमुक्त कहते हैं। अज्ञेय परमात्मा को आत्मा से परे नहीं मानते। 'देह-वल्ली' शीर्षक कविता में वे कहते हैं :

*रूप को*
*एक बार बेझिझक देख लो।*
*पिंजरा है? पर मन इसी में से उपजा*
*जिसकी उन्नीत शक्ति आत्मा है।*

उन्हें इस बात में कोई शक नहीं है कि आत्मा एक रूप-नाम-हीन ज्योति है, जो अस्तित्व का ही बोध है :

*देखो*
*रूप*
*नाम-हीन*

*एक ज्योति*
*अस्मिता इयत्ता की*
*ज्वाला*
*अपराजिता अनावृता।*

'जो कहा नहीं गया' शीर्षक कविता में वे अनुभव करते हैं कि 'है, अभी कुछ और है जो कहा नहीं गया'। जो परम अर्थ है, वह शब्द से अतीत है। उसे अपने अहंकार का विसर्जन करके ही प्राप्त किया जा सकता है। ये पंक्तियाँ देखने योग्य हैं :

*निर्विकार मरु तक को सींचा है*
*तो क्या? नदी-नाले ताल-कुएँ से पानी उलीचा है*
*तो क्या? उड़ा हूँ, दौड़ा हूँ, तैरा हूँ, पारंगत हूँ,*
*इसी अहंकार के मारे*
*अंधकार में सागर के किनारे*
*ठिठक गया : नत हूँ*
*उस विशाल में मुझसे*
        *बहा नहीं गया।*
*इसलिए जो और रहा, वह*
        *कहा नहीं गया।*

इससे यह भी स्पष्ट है कि अस्तित्व-बोध 'अहंकार' से भिन्न है। कभी-कभी किसी शब्द का व्युत्पत्त्यर्थ में प्रयोग पूरी अभिव्यक्ति को एक नई सार्थकता दे देता है। इस उद्धरण में 'पारंगत' शब्द ऐसा ही है। 'विशाल' कौन है, कहने की आवश्यकता न होनी चाहिए।

'इंद्रधनु रौंदे हुए ये' में भी दो-तीन रहस्यात्मक कविताएँ हैं। इसी की एक कविता 'जितना तुम्हारा सच है' में कवि ने अपने आपसे कहा है : 'आकांक्षा इतनी है, साधना भी लाए हो?/तुम नहीं व्याप सकते; तुममें जो व्यापा है/उसी को निबाहो'। 'सत्य तो बहुत मिले' शीर्षक कविता में 'तुम' को संबोधित कर अज्ञेय ने विस्तार से इस ओर संकेत किया है कि अलौकिक शक्ति अनुभव की अग्नि में ही पककर व्यक्ति के भीतर से ही जन्म लेती है,—

*तुम*
*नभ के तुम कि गुहा-गह्वर के तुम*
*मोम के तुम, पत्थर के तुम*
*तुम किसी देवता से नहीं निकले :*
*तुम मेरे साथ मेरे ही आँसू में गले*
*मेरे ही रक्त पर पले*
*अनुभव के दाह पर क्षण-क्षण उकसती*
*मेरी अशमित चिता पर*
*तुम मेरे ही साथ जले।*
*तुम—*
*तुम्हें तो*
*भस्म हो*
*मैंने फिर अपनी भभूत में पाया।*
*अंग रमाया।*

*तभी तो पाया।*

'तुम्हें तो/भस्म हो/मैंने फिर अपनी भभूत में पाया' निश्चय ही जोरदार अभिव्यक्ति है, जिससे पता चलता है कि अज्ञेय जिस सत्य की बात करते हैं, वह उनके लिए आत्मानुभूत है। सत्य का मार्ग निश्चय ही सरल नहीं है। उस पर सभी संचरण नहीं कर सकते। जिन्होंने अपने-आपसे संघर्ष कर अपने आप पर विजय प्राप्त की है, वही उस मार्ग पर चल सकते हैं। 'ओ लहर' शीर्षक कविता में अज्ञेय मार्ग की कठिनाइयों का वर्णन करते हैं, पर अविचलित भाव से। रवींद्रनाथ की कविता 'निझरिर स्वप्नभंग' में निर्झर भी मार्ग की बाधाओं को चूर करता हुआ महासागर की ओर दौड़ता है, क्योंकि उसे दूर से ही उसका गान सुनाई पड़ता है। वे निर्झर से कहते हैं : 'भाङ् भाङ् भाङ् कारा, आघाते आघात कर्'। अज्ञेय इससे थोड़े भिन्न ढंग से कहते हैं—

*हरहराती आ, लहर मेरी लहर,*
*फेन के अनगिन किरीटों को झुकाकर*

*तू मुखर*
*आह्वान कर*
*मेरा, मुझे वर!*
*जिधर से आ रही है तू*
*जिधर से मुझ पर थपेड़े पड़ेंगे अविराम*
*उधर ही तो मुक्त पारावार है।*
*दुर्धर लहर*
*तू आ।*

वे उस जीवन को व्यर्थ मानते हैं, जो 'बृहत् संस्पर्श' की गंगा में न बह सका :

*संस्पर्श बृहत् का उतरा सुरसरि–सा :*
*हम बह न सके।*
*यों बीत गया सब : हम मरे नहीं, पर हाय! कदाचित्*
*जीवित भी हम रह न सके।*

पुराणों के अनुसार गंगा ऊपर से उतरी थीं, इसलिए उपमान के रूप में कवि ने 'बृहत् संस्पर्श' के भी ऊपर से उतरने का वर्णन किया है। इससे यह भ्रम नहीं होना चाहिए कि उक्त संस्पर्श कोई बाहर से आनेवाली चीज है। कवि की उक्ति में केवल पौराणिक रूपक का प्रयोग हुआ है। पहली पंक्ति की भाषा का आभिजात्य अलग से ध्यातव्य है। अशोक वाजपेयी ने अज्ञेय को तत्समता का अंतिम कवि कहा है। यह सही है कि उन्होंने समकालीन कविता में बड़े पैमाने पर पाठकों को तत्सम शब्दों की शक्ति और सौंदर्य से परिचित कराया, वर्ना मुक्तिबोध में भी तत्सम शब्दों का प्रयोग कम नहीं है। इसे उन पर मराठी के प्रभाव के कारण बतलाया गया है। अज्ञेय की एक खूबी यह भी है कि उन्होंने तद्‌भव और क्षेत्रीय शब्दों का भी प्रचुर प्रयोग किया है। हमारा ध्यान इस ओर भी जाना चाहिए। 'सूप–सूप भर धूप–कनक', यह एक पंक्ति अज्ञेय की भाषागत प्रवृत्ति को सूचित करने के लिए काफी है। पिछले लेख में यह पूरी कविता उद्धृत की गई है। 'सूप' तत्सम 'शूर्प' का तद्‌भव है और 'कनक' शुद्ध क्षेत्रीय प्रयोग है। अज्ञेय के परवर्ती काव्य में तत्समता काफी कम हो गई है और वे सहज–सरल भाषा पर उतर आए हैं।

पिछले लेख में 'अरी ओ करुणा प्रभामय' की 'मैंने देखा, एक बूँद' शीर्षक कविता का पूर्वार्ध एक ओजस्वी प्रकृति-चित्रण के रूप में उद्धृत किया गया था। यहाँ उसका उत्तरार्ध देखिए—

*मुझको दीख गया :*
*सूने विराट् के सम्मुख*
*हर आलोक-छुआ अपनापन*
*है उन्मोचन*
*नश्वरता के दाग से!*

यहाँ चारों ही शब्द ध्यातव्य हैं : 'विराट्', 'आलोक-छुआ', 'अपनापन' और 'उन्मोचन'। इनका अर्थ स्पष्ट है और उनसे कवि का आशय भी, इसलिए इस प्रसंग में और कुछ कहने की जरूरत नहीं है। ऐसी ही 'द्वारहीन द्वार' कविता की ये पंक्तियाँ हैं : 'द्वार के आगे/और द्वार :/यह नहीं कि कुछ अवश्य/है उनके पार—/किंतु हर बार/मिलेगा आलोक,/झरेगी रस-धार'। परम सत्य की अनुभूति उस भवन की तरह है, जिसमें द्वार के बाद द्वार खुलते जाते हैं और कोई नया दृश्य देखने को नहीं मिलता, सिर्फ आलोक और रस की धारा झरती रहती है। इसी को अपनी साधना-पद्धति में कबीर ने कहा था : 'रस अगम गुफा से अजर झरै'। आकस्मिक नहीं कि अज्ञेय का आगामी संग्रह 'आँगन के पार द्वार' प्रकाशित हुआ, तो प्रभाकर माचवे ने उसे देखकर अज्ञेय को 'आधुनिक कबीर' कहा। अब हम इस संग्रह की अंतिम रहस्यात्मक कविता 'घाट-घाट का पानी' देखें :

*होने और न होने की सीमा-रेखा पर सदा बने रहने का*
*आसिधार-व्रत जिसने ठाना—सहज ठन गया जिससे—*
*वही जिया। पा गया अर्थ।*

यही अज्ञेय का लक्ष्य है—बिना अपने व्यक्तित्व का निषेध किए अपने को महाशून्य से जोड़ना। 'होना' और 'न होना' अस्तित्ववादियों द्वारा ग्रहीत शब्दावली 'टु बी एंड नॉट टु बी' का अनुवाद है, लेकिन इसका सारतत्त्व भिन्न है। अज्ञेय इन दोनों की संधि-रेखा पर हमेशा बने रहने को तलवार की धार पर चलना कहते हैं, वह

भी जोर-जबर्दस्ती से नहीं, बल्कि सहज भाव से। जीवन का असली अर्थ उसी में निहित है। रहस्यवादी अनुभूति के बारे में परंपरा से यह प्रचलित है कि वह गूँगे का गुड़ होती है, जिसका स्वाद तो गूँगा लेता है, पर उसका वर्णन नहीं कर सकता। देखिए, हमारा कवि चलते-चलते कहाँ पहुँच गया है—

*अर्थ एक है : मिलता है तो एक बार : (गुड़-सा गूँगे को!)*
*और उसे दोहराना*
*दोहरे भ्रम में बह जाना है।*

स्वभावतः 'आँगन के पार द्वार' नामक संग्रह में अनेक रहस्यात्मक कविताएँ हैं। 'चक्रांत शिला' नामक इसका एक खंड ही है, जिसमें ऐसी ही कविताएँ हैं। अंत में 'असाध्य वीणा' शीर्षक लंबी कविता है, जो अज्ञेय की रहस्यात्मक कविताओं का ही नहीं, उनकी संपूर्ण कविताओं का शीर्ष बिंदु है। इस कारण इस पुस्तक में उस पर एक स्वतंत्र लेख दिया जा रहा है।

'सरस्वती-पुत्र' शीर्षक कविता मूलतः कवि के बारे में है, लेकिन इसे रहस्यात्मक कविता मानने में भी कोई हर्ज नहीं है। रहीम ने भी कहा है : 'रहिमन बात अगम्य की, कहन सुनन को नाहिं।/जे जानत ते कहत नाहिं, कहत ते जानत नाहिं।।' मंदिर का दृश्य है। मंदिर के भीतर धुले-पुँछे, चंदन का लेप किए लोग खुले गले से राम-नाम गा रहे हैं। लेकिन भीतर से ये सभी गूँगे, बहरे और अज्ञानी हैं। सरस्वती-पुत्र मंदिर के बाहर है। उसका वस्त्र मैला है और चेहरे पर उदासी है, लेकिन भीतर से वह दिन-प्रतिदिन वयस्क होता जा रहा है। जैसे-जैसे उसकी आँखें धुँधलाती हैं, वह स्पष्ट देखता जाता है। वह रूप को भी पहचानता है, उसके पास वाणी और शब्द भी हैं, पर वह अपने अनुभव को कहना चाहता है, तो ज्यादा से ज्यादा हकलाने लगता है और उसकी घिग्घी बँध जाती है। कविता के उत्तरार्ध में यही कहा गया है—

*खोया-पाया, मैला-उजला*
*दिन-दिन होता जाता वयस्क,*
*दिन-दिन धुँधलाती आँखों से*
*सुस्पष्ट देखता जाता था;*

*पहचान रहा था रूप,*
*पा रही वाणी और बूझता शब्द,*
*पर दिन-दिन अधिकाधिक हकलाता था :*
*दिन-दिन पर उसकी घिग्घी बँधती जाती थी।*

अगली कविता 'बना दे, चितेरे' में कवि चित्रकार से आग्रह करता है कि वह पहले सागर का चित्र बनाए और फिर उसमें एक उछली हुई मछली का। मछली उसके सामने प्रतीक के रूप में आती है, जो सागर की नीलिमा के ऊपर छाई रहनेवाली अनंत नीलिमा की ओर इसलिए उछलती है कि प्राणों का अर्थात् वायु का एक बुलबुला-भर पी ले,—

*उस प्राणों का एक बुलबुला-भर पी लेने को—*
*उस अनंत नीलिमा पर छाए रहते ही*
*जिसमें वह जनमी है, जियी है, पली है, जिएगी,*
*उस दूसरी अनंत प्रगाढ़ नीलिमा की ओर*
*विद्युल्लता की कौंध की तरह*
*अपनी इयत्ता की सारी आकुल तड़प के साथ उछली हुई*
*एक अकेली मछली।*

'विद्युल्लता की कौंध की तरह अपनी इयत्ता की सारी आकुल तड़प के साथ उछली हुई' इस भाषा में अभिजात और सामान्य भाषा का संयोग उसकी जीवंतता में कैसे वृद्धि करता है, यह देखने लायक है। 'अंतःसलिला' शीर्षक कविता सिर्फ ऐसी नदी के बारे में नहीं है, बल्कि यह भी एक प्रतीकात्मक कविता है। मनुष्य का शरीर क्या, संपूर्ण जीवन रेत के विस्तार की तरह है, जो अनेक पैरों से रौंदा जाता है, जिसके घाव अपने-आप भर जाते हैं, और जो सब तरह से सज्जाहीन, निस्पृह और उदार है। लेकिन यह रेत भी अंतःसलिल है। तात्पर्य यह कि इसके भीतर भी उस अलौकिक और दिव्य शक्ति की स्थिति है, क्योंकि 'जब-जब जहाँ भी जिसने कुरेदा/नमी पाई : और खोदा—/हुआ रस-संचार :/रिस्ता हुआ गड्ढा भर गया।' कविता के अंत में कवि कहता है—

*अरे, अंतःसलिला है रेत :*
*अनगिनत पैरों तले रौंदी हुई अविराम*
*फिर भी घाव अपने-आप भरती,*
*पड़ी सज्जाहीन,*
*धूसर-गौर,*
*निरीह और उदार!*

प्रस्तुत संग्रह में 'चक्रांत शिला' के अंतर्गत चौथी कविता एक प्यारी कविता है। मुझे याद है, एक बार जालान हाउस का संग्रहालय देखने के लिए हिंदी के कुछ नए अध्यापक गए थे। बाद में वहाँ गंगाघाट पर बने घाट पर उतरकर हमलोगों ने पिकनिक का आनंद लिया था। यह बीसवीं शताब्दी के आठवें दशक के अंतिम दिनों की बात होगी। अंत में हमलोगों ने आपस में विचार किया कि सभी अपनी स्मृति से अपनी एक प्रिय कविता सुनाएँ। मेरी बारी आई, तो मैंने जो कविता सुनाई, वह अज्ञेय की यही कविता थी। स्वभावतः इससे मेरा साहचर्य बना हुआ है। यहाँ मैं वह पूरी कविता उद्धृत कर रहा हूँ–

*किरण जब मुझ पर झरी*
*मैंने कहा :*
*मैं वज्र-कठोर हूँ–*
*पत्थर सनातन।*

*किरण बोली :*
*भला? ऐसा!*
*तुम्हीं को तो खोजती थी मैं :*
*तुम्हीं से मंदिर गढ़ूँगी*
*तुम्हारे अंतःकरण से*
*तेज की प्रतिमा उकेरूँगी।*

*स्तब्ध मुझको*
*किरण ने*
*अनुराग से दुलरा लिया।*

अज्ञेय विज्ञान के छात्र थे। भौतिकी में उन्होंने प्रथम श्रेणी में ऑनर्स की परीक्षा पास की। इसके अलावा वे हिंदी में बौद्धिक भी माने जाते रहे हैं। प्रत्येक वस्तु को तर्क की कसौटी पर कसकर उसे ग्रहण करना उनके स्वभाव में शामिल था। ऐसी स्थिति में रहस्य की किरण जब उन्हें छूती है, तो वे ठीक ही कहते हैं—'मैं वज्र-कठोर हूँ—/पत्थर सनातन'। लेकिन रहस्य की वह किरण जानती थी कि नास्तिक जब आस्तिकता का कायल होकर आस्तिक होता है, तो वह बहुत काम का साबित होता है। रामकृष्ण और विवेकानंद का उदाहरण सामने है। विवेकानंद उनसे बहस करने के लिए उनके पाए गए थे, लेकिन उन्हें देखते ही उन्होंने उनसे कहा—'संसारियों से बातें करते-करते मेरी जीभ जल गई, तुम अब तक कहाँ थे, नरेंद्र?' नरेंद्र विवेकानंद का रामकृष्ण के शिष्य बनने के पहले का नाम है। सारा संसार जानता है कि विवेकानंद उनके शिष्यों में सर्वश्रेष्ठ सिद्ध हुए और उनके मिशन को सारे संसार में फैलाया, कम से कम अमरीका और यूरोप में तो निश्चय ही। ठीक रामकृष्ण की तरह ही उक्त किरण अज्ञेय से कहती है—'तुम्हीं को तो खोजती थी मैं :/तुम्हीं से मंदिर गढ़ूँगी/तुम्हारे अंतःकरण से/तेज की प्रतिमा उकेरूँगी'। कहने की आवश्यकता नहीं कि छायावादोत्तर काल में अज्ञेय से बड़ा कोई रहस्यवादी कवि नहीं हुआ, यानी ऐसा कवि, जो अपने उत्तरवर्ती काव्य का अधिकांश एक दिव्य और अलौकिक शक्ति का बोध कराने में अर्पित कर दे। द्वार और आँगन का रूपक उन्हें बहुत प्रिय रहा है। ऐसी एक कविता हम पहले देख चुके हैं। उक्त प्रतीकों को लेकर उन्होंने जो अपनी सबसे प्रसिद्ध कविता लिखी, उसमें बात को आगे भी बढ़ाया है :

*आँगन के पार*
*द्वार खुले*
*द्वार के पार आँगन।*
*भवन के ओर-छोर*
*सभी मिले—*
*उन्हीं में कहीं खो गया भवन।*

*कौन द्वारी*
*कौन आगारी, न जाने,*

*पर द्वार के प्रतिहारी को*
*भीतर के देवता ने*
*किया बार-बार पा-लागन।*

इसमें महत्त्वपूर्ण न द्वार पर रहनेवाला है, न भवन के भीतर रहनेवाला। इन दोनों से महत्त्वपूर्ण वह प्रहरी है, जो भवन और द्वार के संधि-स्थल पर रहता है। इस तरह इस कविता में भी अज्ञेय ने वही कहा है, जो 'घाट-घाट का पानी' शीर्षक कविता में। जो बात ज्ञातव्य है, वह यह कि अज्ञेय तुकों के संगीत से परिचित थे, इसलिए यथासंभव उनका निर्वाह करने से नहीं चूकते। उनकी कविता की लय जरूर गद्य के करीब होती है, पर उसका 'रूप' केवल कविता का ही होता है, साहित्य की किसी अन्य विधा का नहीं। इस गद्यात्मक लयवाली कविता में वे जिन साधनों से तनाव उत्पन्न करते हैं, उनमें तुक एक महत्त्वपूर्ण साधन है। इस कविता में भी देखिए, 'आँगन', 'भवन' और 'पा-लागन' की तुकें तो हैं ही, 'द्वारी', 'आगारी' और 'प्रतिहारी' की भी तुकें हैं। नागार्जुन ने 1956-57 में मुझसे कहा था—'अज्ञेय को पढ़ जाओ, वे शब्द-शिल्प के मास्टर हैं।' यह बात उनके गद्य और कविता दोनों पर लागू है। उसी ने इस कविता को वैशिष्ट्य प्रदान किया है।

'क्योंकि मैं उसे जानता हूँ' में एक ही रहस्यात्मक कविता है : 'मोड़ पर का गीत'। जीवन और उससे मुक्ति में जो होड़ है, उसका कोई महत्त्व नहीं है। न ये दोनों एक-दूसरे का जवाब हैं। असल चीज है इन दोनों के बीच आनेवाला जोड़, जो मोड़ पर आता है। कवि उसी जोड़ पर स्थित होकर अमर गान गाना चाहता है। यह कविता भी प्रकारांतर से 'होने और न होने की सीमा-रेखा' को ही लक्ष्य बतलाती है :

*जाना और जीना*
*जीना और जाना :*
*न यह गहरी बात है कि इनमें होड़ है*
*न यही कि इनमें तोड़ है :*
*गहरी बात यह कि दोनों के बीच*
*एक क्षण है कहीं, एक मोड़ है*
*जिस पर एक स्वयंसिद्ध जोड़ है, और वहीं,*

*उस पर ही*
*गाना है*
*यह गीत जो मरेगा नहीं।*

'सागर-मुद्रा' की पहली रहस्यात्मक कविता 'मैंने ही पुकारा था' में अज्ञेय सहज-भाव से कबीर के 'जो घर फूँके आपना, चले हमारे साथ' के करीब आ गए हैं। देखिए :

*नाम : नाम का एक तरह का सहारा था।*
*मैं थका-हारा था*
*पर नहीं था किसी का गुलाम।*
*पर तूने तो आते ही फूँक दिया घर-बार*
*हिए के भीतर भी जगा दिया नया हाहाकार*
*ओ मेरे राम!*

स्पष्टतः यहाँ 'घर-बार' अहं का प्रतीक है। आचार्य हजारीप्रसाद द्विवेदी ने लिखा है कि सरल रेखा खींचना एक कठिन काम है और भाषा की सरलता त्याग-तपस्या से संभव होती है। अज्ञेय भी सिद्धावस्था में पहुँचकर ऐसी सरल कविताएँ लिखने लगते हैं। अधिकांश लोग यह समझते हैं कि भौतिक और आध्यात्मिक जगत् दोनों दो हैं, जबकि दोनों एक ही जगत् के दो रूप हैं—यथार्थ और कल्पित। 'पाठ-भेद' शीर्षक कविता में कवि ने बड़ी सरलता से कहा है—

*एक जगत् रूपायित प्रत्यक्ष*
*एक कल्पना संभाव्य।*
*एक दुनिया सतत मुखर*
*एक एकांत निःस्वर।*
*एक अविराम गति, उमंग*
*एक अचल, निस्तरंग।*

*दो पाठ*
*एक ही काव्य।*

इस संग्रह की अंतिम ऐसी कविता 'बिदाई का गीत' है। इसमें कवि और सरल रूप में कहता है : 'यह जाने का छिन आया/पर कोई उदास गीत अभी गाना ना।/ चाहना जो चाहना/पर उलाहना मन में ओ मीत!/कभी लाना ना'। 'जाने का छिन' मृत्यु का क्षण है। तत्पश्चात्–

*वह दूर, दूर सुनो, कहीं लहर*
*लाती है और भी दूर, दूर, दूरतर का स्वर;*
*उसमें हाँ, मोह नहीं,*
*पर कहीं बिछोह नहीं,*
*वह गुरुतर सच युगातीत*
*रे भुलाना ना।*

'महावृक्ष के नीचे' नामक संग्रह में भी एक ही चर्चा योग्य रहस्यात्मक कविता है–ना जाने केहि भेस' शीर्षक, जिसमें एक पौराणिक संदर्भ है। यह कविता बहुत ही मार्मिक है, जो मन पर गहरा और कई तरह का प्रभाव छोड़ती है। कृष्ण को एक व्याधे ने प्रभास-क्षेत्र में धोखे से मार डाला था। वे एक वृक्ष के नीचे एक पाँव मोड़कर उस पर दूसरा पाँव चढ़ाकर लेटे थे। व्याधे को दूर से यह भ्रम हुआ कि उनका पाँव कृष्णसारमृग का मुख है, सो उसने धनुष पर बाण चढ़ाया और अपने लक्ष्य पर उसे छोड़ दिया। इस प्रकार कृष्ण महामृत्यु के शिकार हुए। नजदीक जाकर उसने देखा कि यह तो कृष्ण हैं! अब उसके कंठ से कवि बोलता है–

*यों मुझे मिले वह*
*खुला गिरा मोर-पंख का किरीट,*
*वैजयंती-माल स्रस्त,*
*छूटी पड़ी बाँसुरी,*
*मलिनाते पैरों के सूक्ष्म घाव से निकल रेंग रहा*
*सृपी शुभ्र, आयु-शेष :*

*आह, मुझे इस भेस मिले*
*नारायण :*
*मेरे ही बाण से विद्ध!*

रहस्यात्मकता ने निस्संदेह अज्ञेय की कविता को एक नया आयाम दिया है। प्रगतिशील और जनवादी कहेंगे कि अपने अहं से निकलकर नागार्जुन और मुक्तिबोध की तरह वे समाज की तरफ क्यों नहीं गए? मैं कहता आ रहा हूँ कि किसी कवि से यह अपेक्षा करना कि वह दूसरे कवि की तरह क्यों नहीं है, एक ज्यादती है। कारण यह कि कविता इतनी अंतरंग वस्तु है कि वह प्रत्येक कवि में उसकी जैविक और मानसिक बनावट के कारण भिन्न हो जाती है। इस भिन्नता को मिटाना कोई वांछनीय कार्य नहीं है। साहित्य या कविता की शोभा उसमें पाई जानेवाली विविधता ही है। दूसरे, यह सोचने की बात है कि आज के युद्धग्रस्त और पर्यावरण-विनाशक युग में क्या बुद्ध और ईसा की करुणा तथा गाँधी की शांति और अहिंसा का कोई महत्त्व नहीं है? सोवियत आलोचक ई. चेलिशेव ने पंत के उत्तरवर्ती काव्य पर विचार करते हुए लिखा है कि यह ठीक है कि उसमें यथार्थवाद नहीं है, लेकिन आज जहाँ मनुष्य को आत्महत्या तक पहुँचानेवाली कविताएँ लिखी जा रही हैं, इस काव्य का महत्त्व है, क्योंकि यह एक स्वर्णोज्ज्वल भविष्य में हमारी आस्था जगाता है।

# असाध्य वीणा

अज्ञेय की 'असाध्य वीणा' शीर्षक यह कविता सर्वप्रथम 1961 में उनकी कविता-पुस्तक 'आँगन के पार द्वार' में छपकर आई थी। चूँकि यह उनकी पहली लंबी कविता थी, इसलिए उस समय भी इसने पाठकों और विद्वानों का ध्यान खींचा था। लेकिन 1964 में मुक्तिबोध की मृत्यु के साथ उनके कविता-संग्रह 'चाँद का मुँह टेढ़ा है' में उनकी लंबी कविता 'अँधेरे में' संगृहीत हुई, तो उसकी इतनी व्यापक चर्चा हुई कि उसके शोर में 'असाध्य वीणा' की चर्चा बिलकुल खो गई। कभी किसी आलोचक ने उसका जिक्र किया भी, तो यह दिखलाने के लिए कि 'अँधेरे में' कैसे इसकी तुलना में एक श्रेष्ठ कृति है? ऐसा नहीं है कि यह कविता हिंदी में भुलाई जा चुकी है, इसे भी एक श्रेष्ठ लंबी कविता माननेवाले विद्वान् हिंदी में हैं, लेकिन यह सत्य है कि इस कविता ने प्रशंसा से अधिक विरोध अर्जित किया है और यह मुक्तिबोध की कविता 'अँधेरे में' क्या, धूमिल की लंबी कविता 'पटकथा' से भी कम लोकप्रिय साबित हुई है। इसका कारण क्या हो सकता है? हमारी दृष्टि में इसका कारण यह है कि उक्त दोनों कविताएँ जहाँ मूलतः राजनीतिक अंतर्वस्तु वाली कविताएँ हैं, वहाँ 'असाध्य वीणा' एक रहस्यवादी कविता है। रहस्यवाद में भी अपने ढंग से यथार्थवाद के तत्त्व होते हैं, लेकिन प्रकटतः वह यथार्थवाद-विरोधी होता है। जिस भाषा और साहित्य में यथार्थवाद का जोर हो और जिसे बोलने और बरतनेवाले कठिन जीवन-संघर्ष में रत हों, उसमें रहस्यवाद के प्रचार-प्रसार का बहुत अवसर नहीं हो सकता। स्वभावतः यह कविता हिंदी की एक बहुत कुछ उपेक्षित लंबी कविता है। 'आँगन के पार द्वार' में रहस्यवादी कविताएँ अच्छी संख्या में हैं। ताज्जुब नहीं कि जब यह पुस्तक प्रकाशित हुई थी और उस पर अज्ञेय को

साहित्य अकादेमी का पुरस्कार प्राप्त हुआ था, तो प्रभाकर माचवे ने उन्हें 'आधुनिक कबीर' कहा था। 'आधुनिक कबीर' तो डा. नामवर सिंह ने नागार्जुन को भी कहा है, लेकिन दोनों के कहने में फर्क है। माचवे ने अज्ञेय को वह उनके रहस्यवाद के कारण कहा था और नामवरजी ने वह नागार्जुन को उनकी व्यंग्य-क्षमता के कारण कहा है, जिसका एक ठोस सामाजिक संदर्भ है।

यह दिलचस्प है कि 'असाध्य वीणा' को लेकर अब तक कोई बहुत सार्थक चर्चा नहीं हुई है। यह भी लक्ष्य किया गया है कि यह एक रहस्यवादी कविता है, लेकिन इसकी अंतर्वस्तु पर पर्दा डालने या उसे भिन्न रूप में पेश करने की भी कोशिश की गयी है। कई बार तो कविता को ज्यों की त्यों पड़ा रहने दिया गया है और सिर्फ उसके शिल्प को चर्चा योग्य समझा गया है। इन बातों को हम कुछ बाद में देखेंगे, सबसे पहले यह देखना जरूरी है कि इस कविता में अभिव्यक्त रहस्यवाद का स्वरूप क्या है? इसी से किसी हद तक इसकी संरचना भी निर्धारित हुई है।

'असाध्य वीणा'-संबंधी आलोचनात्मक चर्चा में इस बात का जिक्र मिलता है कि इस कविता पर जापान के जेन-संप्रदाय का प्रभाव है, जो कि बौद्ध धर्म का एक संप्रदाय है, लेकिन इससे ज्यादा और कुछ नहीं। इस कविता में, जो कि एक कथात्मक कविता है, स्वभावत: दो नाम मिलते हैं, दो पात्रों के, जिनमें से एक है वज्रकीर्ति और दूसरा केशकंबली अथवा प्रियंवद केशकंबली। जेन-संप्रदाय का संबंध बौद्ध धर्म की हीनयान शाखा से न होकर महायान शाखा से है, क्योंकि उसी का प्रसार तिब्बत से लेकर चीन, जापान आदि तक में हुआ था। वज्रकीर्ति विद्वानों के अनुसार एक महायानी दार्शनिक ही थे, जिनका अनुयायी इस कविता में केशकंबली मालूम पड़ता है। इस केशकंबली से यह भ्रम हो सकता है कि वह भारतीय दर्शनशास्त्र के ग्रंथों में उल्लिखित अजित केशकंबली नामक दार्शनिक है। लेकिन ऐसा है नहीं। क्योंकि 'असाध्य वीणा' में केशकंबली को कहीं भी अजित केशकंबली नहीं कहा गया है, बल्कि उसकी जगह उसे खाली प्रियंवद या प्रियंवद केशकंबली कहा गया है। दर्शनशास्त्र के ग्रंथों में अजित केशकंबली के संबंध में मिलनेवाला संक्षिप्त विवरण यह है :

कहा जाता है कि महात्मा बुद्ध के समकालीन जो अन्य छः दार्शनिक थे, उनमें एक अजित केशकंबली भी थे। ये प्रारंभिक भौतिकवादी दार्शनिक थे, जिनकी मान्यता यह थी कि भिक्षा, त्याग या पूजा-जैसी कोई चीज नहीं होती है।

न तो फल-जैसी कोई चीज होती है और न अच्छे या बुरे कार्यों का कोई परिणाम। इस लोक से परे कोई लोक नहीं है। माता-पिता के बिना संतान नहीं हो सकती। इस संसार में ऐसा कोई साधक या ब्राह्मण नहीं है, जो उस उच्च अवस्था में पहुँच गया हो, जहाँ उसे पूर्णता प्राप्त हो गई हो और जहाँ उसने इस लोक और इससे परे के लोक को समझ लिया हो और अनुभव कर लिया हो। मनुष्य चार तत्त्वों से बना हुआ है। जब वह मर जाता है, तो क्षिति नामक तत्त्व क्षिति अर्थात् पृथ्वी में, जल नामक तत्त्व जल में, अग्नि नामक तत्त्व अग्नि में और वायु नामक तत्त्व वायु में लौट जाता है। उसकी चेतना अंतरिक्ष में विलीन हो जाती है। चार व्यक्ति उसे अरथी पर चढ़ाकर उस स्थान पर ले जाते हैं, जहाँ वह जला दिया जाता है और उसकी पूजा का अंत भस्म में होता है। मृत व्यक्ति के लिए दान-दक्षिणा देने का सिद्धांत मूर्खतापूर्ण है। उससे किसी प्रकार के लाभ की बात करना सरासर झूठ है। मूर्ख और बुद्धिमान् दोनों प्रकार के मनुष्य शरीर का अंत हो जाने के बाद समाप्त हो जाते हैं और मृत्यु के बाद उनका अस्तित्व नहीं होता है। अजित केशकंबली के व्यक्तिगत जीवन के बारे में प्रायः कुछ भी नहीं मालूम। सिर्फ इतना जिक्र मिलता है कि वे केशकंबली इसलिए कहे जाते थे कि मनुष्य के बालों से बना हुआ कंबल पहनते थे। सभी पहनावों में यह सबसे अधिक तकलीफदेह था, क्योंकि यह जाड़े में ठंढा हो जाता था और गर्मी में गर्म। भदेस तो यह था ही, साथ-साथ इससे दुर्गंध भी निकलती थी।

जाहिर है, 'असाध्य वीणा' के केशकंबली ये नहीं हो सकते। 'असाध्य वीणा' के केशकंबली भौतिकवादी नहीं, बल्कि भाववादी हैं, जिसका स्रोत बौद्ध धर्म की महायान शाखा है। ईसा की पहली शताब्दी में कुछ विचारकों के एक समूह ने, जो अपने को बुद्ध के अनुयायी कहते थे, पुराने और असली बौद्ध धर्म को हीनयान कहकर तिरस्कृत करना शुरू किया और अपने मार्ग को महायान का नाम दिया। महायान की सबसे बड़ी विशेषता यह थी कि भौतिकवादी बौद्ध दर्शन के विपरीत वह उपनिषदों के भाववादी दर्शन से प्रेरित था, यद्यपि इस बात को छिपाने की वह भरपूर चेष्टा करता था। औपनिषदिक भाववाद उस समय प्रारंभिक अवस्था में था, लेकिन महायानी दार्शनिकों ने बौद्ध रंग देकर ही सही उसका बहुत अधिक विकास संभव कर दिखाया। उनमें सर्वाधिक प्रसिद्ध दार्शनिक थे नागार्जुन। उनका मत शून्यवाद के नाम से प्रसिद्ध है। उसके अनुसार भौतिक जगत् की सारी चीजें शून्य हैं। दूसरे शब्दों में प्रकृति एक मृग-मरीचिका

के अलावा कुछ नहीं। अंतिम सत्य भी एक शून्यता है, जिसका मतलब यह है कि उसमें न किसी प्रकार का विकास हो सकता है, न उसकी अभिव्यक्ति संभव है और न उसमें किसी तरह की अनेकता या विविधता ही है। विकास और अभिव्यक्ति तथा अनेकता और विविधता उस जगत के लक्षण हैं, जो वास्तविकता का नहीं, हमारी प्रतीति का विषय है। इन लक्षणों से रहित वास्तविकता भी शून्यवाद में शून्यता के रूप में ही समझी गई है। इसका सीधा मतलब यह है कि पूर्ण अथवा अंतिम वास्तविकता पूरी तरह से हमारे भौतिक अनुभव से परे है। यह हमारे सभी प्रकार के भौतिक विचारों से भी अतीत है। प्रचलित अर्थों में उसके बारे में कोई सिद्धांत नहीं रचा जा सकता। यदि अंतिम वास्तविकता का अनुभव किया जा सकता है, तो मानसिक सजगता की एक रहस्यात्मक विधि से ही, जिसे 'प्रज्ञा-पारमिता' कहा गया है।

नागार्जुन के शून्यवाद के बाद महायानी बौद्धों की एक दूसरी शाखा अस्तित्व में आयी। ये महायानी बौद्ध योगाचार कहे गये और उनका सिद्धांत विज्ञानवाद के रूप में जाना गया। विज्ञानवाद में भी भाववाद का अच्छा विकास हुआ, जिसका श्रेय असंग और वसुबंधु नामक दो दार्शनिकों को है। उन्होंने योग पर अत्यधिक बल दिया, क्योंकि उनकी पद्धति थी ध्यान और समाधि, जिसके द्वारा वे चेतना को प्रत्येक बाहरी वस्तु से हटाकर शुद्ध आंतरिक वस्तु से लगाना चाहते थे, जिससे कि सर्वोच्च दार्शनिक बोध तक पहुँच सकें। ऊपर जापान के जिस जेन-संप्रदाय का जिक्र किया गया है, उसका संबंध महायान की इन्हीं दार्शनिक शाखाओं से है। इसका आरंभ ईसा की छठी शताब्दी में चीन में हुआ, लेकिन इसका अत्यधिक प्रसार परवर्ती काल में जापान में हुआ। जेन अथवा ध्यान-संप्रदाय का सिद्धांत यह है कि बुद्ध ने जिस संबोधि की प्राप्ति की थी, उसे किसी भी बाहरी साधन के द्वारा किसी तक पहुँचाया नहीं जा सकता। इस कारण सारी सैद्धांतिक शिक्षा और अनुष्ठान बेकार हैं और ध्यान अथवा किसी व्यक्ति की मूल प्रकृति की एकाग्रता ही वह मार्ग है, जिससे कोई अपने भीतर बुद्धत्व की अनुभूति कर सकता है। ग्रंथों और अनुष्ठान-संबंधी आडंबर के प्रति पूर्ण अनादर भाव रखने के कारण जेन-सिद्धांत बहुत लोकप्रिय हुआ। जैसी कि सूचना मिलती है, पिछले दशकों में अपने अतर्कबुद्धिवाद और अंत:प्रज्ञात्मकतावाद के कारण इसने पश्चिम-यूरोपीय तथा अमरीकी दार्शनिकों को भी बेहद आकर्षित किया है।

पश्चिम की नई विचारधारा के प्रति अज्ञेय का आकर्षण एक सुपरिचित तथ्य है। छठे दशक के अंतिम वर्षों में एक नई बात यह हुई कि उन्होंने यूरोप के बाद पूर्वी एशिया के जापान-जैसे देश का भी भ्रमण किया। इस क्रम में वे जापान की कविता के साथ-साथ उसके धर्म और संस्कृति के भी प्रत्यक्ष संपर्क में आए। स्वभावत: उन पर उसका अच्छा प्रभाव पड़ा, जिसका प्रमाण 1959 में प्रकाशित उनका 'अरी ओ करुणा प्रभामय' नामक कविता-संग्रह है, जिसमें अनेक जापानी कविताओं का अनुवाद संगृहीत है। इस पुस्तक की भूमिका में अज्ञेय ने जो कुछ लिखा है, वह 'असाध्य वीणा' शीर्षक कविता की पृष्ठभूमि को समझने की दृष्टि से बहुत उपयोगी है। उनके शब्द हैं : 'जापान के 'जेन' बौद्ध संप्रदाय की विचार और साधना पद्धतियों का, और तत्संबंधी साहित्य और वृत्त का भी, लेखक आभारी है।' जेन-संप्रदाय की ओर उन्हें ले जाने के पीछे पश्चिमी झुकाव भी है, इसकी सूचना भी उनके कथनों से मिलती है। इसके अलावा भी उन्होंने कई बातें कही हैं, जिन्हें जानना जरूरी है, यथा : ''चीन और जापान की चित्रकला और जापान की काव्यकला से, पश्चिम के कई कवियों ने नई दृष्टि पाई। हम भारतवासी, जो केवल 'पूर्व' होने के नाते 'दूर-पूर्व' और पश्चिम के बीच में आते हैं, इन देशों की कला से उतने दूर नहीं हैं, जितने फ्रांस या जर्मनी के कवि थे। फिर भी हम उनसे नई दृष्टि पा सकते हैं—उनकी परंपरा में भारत की जो देन रही, उसी के तद्देशीय रूप से भी। जापानी 'जेन' भारतीय 'ध्यान' का ही रूप है, किंतु 'जेन' का साहित्य भंडार आज के भारतीय लेखक के लिए भी कितना स्फूर्तिप्रद है!'' यहाँ यह भी विचारणीय है कि अज्ञेय ने अपनी कविता में पूर्व-पश्चिम का जो प्रभाव लिया है, वह कितना वांछनीय है। इस प्रसंग में उनका यह कथन ध्यातव्य है कि 'बंद घर में प्रकाश पूर्व या पश्चिम या किसी भी निश्चित दिशा से आता है—पर खुले आकाश में वह सभी ओर से समाया रहता है, इसी में उसका आकाशत्व है।' स्पष्टत: महत्त्वपूर्ण उक्त प्रभाव नहीं, बल्कि कविता का स्वरूप और उसकी अंतर्वस्तु है, जो उस प्रभाव से निर्मित हुई है।

## 2

हिंदी में आधुनिक काल में लंबी कविता बहुत पहले से लिखी जा रही है। सुमित्रानंदन पंत ने 'परिवर्तन' शीर्षक लंबी कविता लिखी थी और

जयशंकर प्रसाद ने 'प्रलय की छाया' शीर्षक। इन दोनों ही कविताओं में कवि क्रमशः विचार और कथा का सूत्र पकड़कर आगे चले थे। तात्पर्य यह कि पहली कविता की लंबाई का कारण यदि विचार है, तो दूसरी कविता की लंबाई का कारण कथा। इन कविताओं के बाद निराला ने भी छायावादी दौर में तीन लंबी कविताएँ लिखीं—'तुलसीदास', 'सरोज-स्मृति' और 'राम की शक्ति-पूजा'। 'तुलसीदास' यद्यपि एक अंतर्मुखी प्रबंधकाव्य के रूप में जाना जाता है, उसका मूल स्वरूप सौ बंदों में रची गई एक लंबी कविता का है। 'सरोज-स्मृति' एक नए ढंग की लंबी कविता है, जिसे निराला ने सरोज और अपने आपसे संबंधित स्मृतियों को गूँथकर तैयार किया है। 'राम की शक्ति-पूजा' निश्चय ही एक कथात्मक कविता है, लेकिन उसमें भी कवि का जोर मनोभावों के चित्रण पर है, जैसे 'प्रलय की छाया' में प्रसाद का। लेकिन 'लंबी कविता' एक नए काव्य-प्रकार के रूप में मुक्तिबोध की मृत्यु के बाद उन्हीं की कविताओं पर विचार करने के क्रम में अस्तित्व में आई। उनकी ज्यादातर कविताएँ लंबी हैं और उनमें कथा के तत्त्व भी हैं, लेकिन उन्होंने स्वयं अलग से लिखकर यह बतलाया है कि उनके लंबी होने का कारण कुछ और है। इसका रहस्य उनकी रचना-प्रक्रिया में निहित है। वे कविता लिखते थे, तो उनकी भावधारा में अनेक प्रकार के प्रासंगिक भावस्रोत आकर मिलते जाते थे, जिससे न केवल उसका आकार लंबा हो जाता था, बल्कि उसका स्वरूप भी बहुत कुछ अनिर्दिष्ट हो जाता था, यद्यपि संवेदनात्मक उद्देश्य स्पष्ट रहने से उसकी दिशा कभी अँधेरे में न खोती थी। यह सुज्ञात है कि उसमें उनकी कल्पना-शक्ति का अत्यधिक योगदान होता था, जिसकी अतर्क्यता के चलते उन्होंने स्वयं उसे 'फैंटेसी' कहकर पुकारा है।

समकालीन हिंदी काव्यालोचन में 'लंबी कविता' के चर्चा में आने के पहले ही, जैसा कि हमने देखा है, 'असाध्य वीणा' शीर्षक कविता प्रकाश में आ चुकी थी, लेकिन किसी ने इसे 'लंबी कविता' के रूप में ग्रहण नहीं किया। सबने यही समझा कि यह कथा का सहारा लेकर चलनेवाली एक लंबे आकार की कविता है। बाद में जब मुक्तिबोध से प्रेरित होकर युवा कवि धड़ाधड़ लंबी कविताएँ लिखने लगे, तो इस कविता की तरफ भी ध्यान गया और इसकी गिनती भी लंबी कविताओं में की जाने लगी, यद्यपि इसके प्रति आलोचकों का रुख बहुत अनुकूल न था। कहने की आवश्यकता नहीं कि 'पटकथा' के साथ

'इस व्यवस्था में' (लीलाधर जगूड़ी), 'खंड खंड पाखंड पर्व' (मणि मधुकर), 'लुकमान अली' (सौमित्र मोहन) और 'मुक्तिप्रसंग' (राजकमल चौधरी) ये सभी लंबी कविताएँ एक दौर की ही रचनाएँ हैं। 'असाध्य वीणा' 'अँधेरे में' के साथ-साथ इन सभी कविताओं से अपनी प्रकृति और आकृति में बहुत कुछ भिन्न है, इसलिए लंबी कविताओं की चर्चा के प्रसंग में इस पर उतना ध्यान नहीं दिया जा सका, जितने की यह अधिकारी है।

डा. रामस्वरूप चतुर्वेदी ने लिखा है कि 'असाध्य वीणा' एक जापानी लोककथा पर आधारित कविता है। यह संभव है, पर इस प्रसंग में ज्ञातव्य यह है कि इसके स्वरूप को भारतीय बनाने के लिए अज्ञेय ने भरसक प्रयास किया है। इस कविता का परिवेश तो भारतीय है ही, इसमें आनेवाले दो पात्रों के नाम भी भारतीय हैं, यथा वज्रकीर्ति और प्रियंवद केशकंबली। संभव है, वज्रकीर्ति महायानी दार्शनिक धर्मकीर्ति के अनुकरण पर गढ़ा हुआ नाम हो, जैसा कि प्रियंवद केशकंबली अजित केशकंबली के अनुकरण पर गढ़ा हुआ नाम है। जैसा कि ऊपर संकेत किया गया है, वज्रकीर्ति एक महायानी दार्शनिक हुए हैं, लेकिन धर्मकीर्ति की ख्याति उनकी तुलना में बहुत ज्यादा रही है। इस कविता का केशकंबली एक पूरी तरह से काल्पनिक चरित्र है, क्योंकि ऐतिहासिक केशकंबली के विपरीत वह एक महायानी दार्शनिक के अनुयायी के रूप में हमारे सामने आता है। इस तरह कहा जा सकता है कि इस कविता के चरित्र यथार्थ न होकर बहुत दूर तक कवि की कल्पसृष्टि हैं। यह उसकी कोई त्रुटि न होकर उसकी सर्जनशीलता का प्रमाण है। लोककथा जिस रूप में भी प्रचलित हो, इस कविता में उसे जो रूप प्रदान किया गया है, पूरी तफसील के साथ, वह अज्ञेय का अपना है।

आखिर इस कविता की अंतर्वस्तु क्या है और इसमें कवि ने क्या कहना चाहा है? इसमें एक वीणा है, जो असाध्य है, यानी जो किसी से सध नहीं पाती, जिसे कोई बजा नहीं पाता। यह वीणा कहाँ से आई? अज्ञेय राजा के माध्यम से कहते हैं :

*यह वीणा उत्तराखंड के गिरि-प्रांतर से*
*—घने वनों में जहाँ तपस्या करते हैं व्रतचारी—*
*बहुत समय पहले आई थी।*

*पूरा तो इतिहास न जान सके हम :*
*किंतु सुना है*
*वज्रकीर्ति ने मंत्रपूत जिस*
*अति प्राचीन किरीटी-तरु से इसे गढ़ा था—*
*उसके कानों में हिमशिखर रहस्य कहा करते थे अपने,*
*कंधों पर बादल सोते थे,*
*उसकी करि-शुंडों-सी डालें*
*हिम-वर्षा से पूरे वन-यूथों का कर लेती थीं परित्राण,*
*कोटर में भालू बसते थे,*
*केहरि उसके वल्कल से कंधे खुजलाने आते थे।*
*और—सुना है—जड़ उसकी जा पहुँची थी पाताल-लोक,*
*उसकी गंध-प्रवण शीतलता से फण टिका नाग वासुकि सोता था।*
*उसी किरीटी-तरु से वज्रकीर्ति ने*
*सारा जीवन इसे गढ़ा :*
*हठ-साधना यही थी उस साधक की—*
*वीणा पूरी हुई, साथ साधना, साथ ही जीवन-लीला।*

इस विवरण से यह स्पष्ट है कि यह वीणा वस्तुतः कोई वीणा न होकर आध्यात्मिक सत्य का मूर्तिमान् रूप है। यह सत्य किसी साधारण व्यक्ति ने नहीं, वज्रकीर्ति-जैसे साधक ने अपने संपूर्ण जीवन की तपस्या से उपलब्ध किया था। अज्ञेय ने उसकी साधना को 'हठ-साधना' कहा है, जिसके दोनों ही अर्थ हो सकते हैं—'हठपूर्वक की गई साधना' और 'हठयोग के माध्यम से की गई साधना'। हठयोगवाली बात निरी कल्पना नहीं है, क्योंकि वज्रकीर्ति, जो धर्मकीर्ति का प्रतिरूप हो सकते हैं, शून्यवाद और विज्ञानवाद के बीच समन्वय की स्थापना करनेवाले दार्शनिक थे। वीणा की रचना जिस वृक्ष से की गई थी, उस वृक्ष को अज्ञेय ने 'किरीटी-तरु' कहा है, जिसका मतलब सभी वृक्षों का किरीट अथवा सिरमौर हो सकता है। यह वृक्ष अतिशय पुराना था, बहुत ही ऊँचा, उतना ही छतनार, कोटरोंवाला और जिसकी छाल बहुत ही कड़ी थी। उसकी जड़ पाताल-लोक में पहुँची हुई थी, जिससे अपना फण टिकाकर वासुकि नाग नींद लिया करता था। यह भव्य वृक्ष जीवन का प्रतीक है, जो एक साथ प्राचीन, उच्च, व्यापक, दृढ़ और गहन है, और

वीणा उसके सत्य का प्रतीक, जिसे कोई साधक ही लंबी साधना के बाद उपलब्ध कर सकता है। कविता में थोड़ा ही आगे बढ़ने पर केशकंबली कहता है : 'कलावंत हूँ नहीं, शिष्य, साधक हूँ—/जीवन के अनकहे सत्य का साक्षी।' इसमें 'जीवन का सत्य', 'अनकहा' और 'साक्षी' तीनों ही महत्त्वपूर्ण हैं। 'जीवन का सत्य' वही है, जिसका अभी–अभी ऊपर उल्लेख किया गया है। 'अनकहा' का आशय यह है कि अभी तक वह अकथित अथवा अप्रकट है। केशकंबली को भी उस सत्य का अनुभव हो चुका है, इसलिए वह अपने को उसका साक्षी बतलाता है। प्रश्न यह उठता है कि जीवन का वह सत्य, जिसे वीणा प्रतीकित करती है, वस्तुतः है क्या? संक्षेप में वह जीवन का उसके पूरे विस्तार में और संबंधों के साथ तीव्र अनुभव है, ऐसा कि उसमें अनुभवकर्ता का अस्तित्व विलीन हो जाए। यह अवस्था तीक्ष्ण एकाग्रता अथवा ध्यान के द्वारा ही उपलब्ध की जा सकती है। ताज्जुब नहीं कि इस कविता में अनेक बार 'ध्यान' शब्द का प्रयोग किया गया है। ऊपर केशकंबली का जो कथन उद्धृत किया गया है, उसके आगे हमें उसके ये शब्द मिलते हैं : 'वज्रकीर्ति!/प्राचीन किरीटी–तरु!/अभिमंत्रित वीणा!/ध्यान–मात्र इनका तो गद्‌गद विह्वल कर देने वाला है।' यहाँ 'ध्यान' शब्द अपने पूरे अर्थों में प्रयुक्त नहीं है, फिर भी उससे इस बात का संकेत मिल जाता है कि यह इस कविता का बीज–शब्द है।

'असाध्य वीणा' की कहानी संक्षेप में यह है कि एक राजा के पास वज्रकीर्ति द्वारा निर्मित एक ऐसी वीणा थी, जिसे कोई बजा नहीं पाता था। अंततः उसके निमंत्रण पर एक बार प्रियंवद केशकंबली नामक एक साधक उसकी सभा में उपस्थित हुआ, जिसने वीणा को साधकर दिखला दिया। उससे ऐसा संगीत अवतरित हुआ कि उससे राजा–रानी को क्रमशः अपने जीवन को धर्म–भाव से उत्सर्ग करने और प्रेम को जीवन में सर्वश्रेष्ठ स्थान देने की प्रेरणा प्राप्त हुई। जो श्रोता थे, उन्हें उससे अपना–अपना काम्य मिल गया। तत्पश्चात् केशकंबली नमस्कार करके जिस गुफा से आया था, उसी को लौट गया। कहानी सुनाने के बाद अज्ञेय कहते हैं कि 'युग पलट गया।' इसका मतलब यह हुआ कि इस घटना का युगांतकारी प्रभाव हुआ। अब आप यह देखें कि केशकंबली ने वीणा को कैसे साधा? वस्तुतः यही इस कविता की मुख्य वस्तु है, जिसे कवि ने विस्तार से वर्णित किया है। वादक ने पहले वाद्य को उठाकर अपनी गोद में रख लिया। फिर धीरे–धीरे उस पर झुककर उसके तारों पर अपना माथा टेक दिया।

देखनेवालों के मन में आशंका पैदा हुई कि वह कहीं सो तो नहीं रहा है, हारकर तो नहीं वाद्ययंत्र पर झुक गया है? क्या वीणा सचमुच ऐसी है, जिसे कोई नहीं बजा सकता? अज्ञेय ऐसी सभी आशंकाओं का निराकरण करते हुए कहते हैं :

*पर उस स्पंदित सन्नाटे में*
*मौन प्रियंवद साध रहा था वीणा—*
*नहीं, स्वयं अपने को शोध रहा था।*
*सघन निविड में वह अपने को*
*सौंप रहा था उसी किरीटी-तरु को।*

अंतिम दो पंक्तियाँ बहुत ही मार्मिक हैं, जिसका मतलब यह है कि साधक अपने लक्ष्य को यानी जीवन-सत्य को तभी प्राप्त कर सकता था, जबकि वह जीवन को समर्पित हो जाए, यानी जीवन और उसके बीच कोई भेद न रह जाए। आगे भी अज्ञेय ने कहा है :

*भूल गया था केशकंबली राज-सभा को :*
*कंबल पर अभिमंत्रित एक अकेलेपन में डूब गया था*
*जिसमें साक्षी के आगे था*
*जीवित वही किरीटी-तरु...*

केशकंबली के इस विस्मरण में उसकी एकाग्रचित्तता थी, उसके ध्यान में जीवनरूपी महावृक्ष के अलावा और कुछ न था। पुनः कवि के शब्दों में, 'संबोधित कर उस तरु को, करता था/नीरव एकालाप प्रियंवद।' तात्पर्य यह कि अपने परिवेश का विस्मरण उसके लिए जीवनरूपी महावृक्ष का स्मरण था। सच पूछा जाए तो इस स्मरण में ही इस कविता का ऐश्वर्य और उत्कर्ष निहित है।

## 3

केशकंबली ध्यानावस्था में सर्वप्रथम जीवनरूपी महावृक्ष को संबोधित कर उसका उदात्त रूप प्रस्तुत करता है। वह बतलाता है कि कैसे हजारों बार झर-झर

करते पतझड़ ने उसे उजाड़ा और मर्मर करते वसंत ने सँवारा है, पता नहीं कितनी रिमझिम बरसातों में कितने जुगनू उस पर टिमटिमाए हैं, दिन में भौंरों ने उसे गुंजारित किया है और रात में झिल्ली ने उसे अपना अविराम मंगलगान सुनाया है, साथ ही सुबह-शाम अपरिचित पक्षियों की आनंदपूर्ण क्रीड़ा-ध्वनि उसकी डाली-डाली को प्रकंपित कर गई है। वह वृक्ष विशाल तो है ही, वह पूरे वन-प्रदेश का अग्रज है, आश्रयस्थल, अपनी छाया से बहुतों को त्राण देनेवाला और अपने पत्तों के कारण जैसे वन में सुनाई पड़नेवाली ध्वनियों का मूर्तिमान् रूप। केशकंबली उस महावृक्ष को संबोधित कर कहता है : 'मैं तुझे सुनूँ,/देखूँ, ध्याऊँ/अनिमेष, स्तब्ध, संयत, संयुत, निर्वाक्'। इस उक्ति में दो शब्द विशेष रूप से गौर करने लायक हैं—'ध्याऊँ', जिसका संबंध 'ध्यान' करने से है और 'संयुत', जिसका मतलब महावृक्ष से जुड़ने से है। आगे वह ठीक ही कहता है कि वीणा उसकी गोद में है, लेकिन वह स्वयं महावृक्ष की गोद में बैठा प्रसन्नता से भरा बालक है। वह वीणा को बजाना चाहता है, लेकिन उसके माध्यम से स्वर तो उस महावृक्ष का ही निकलेगा। स्मरण दिलाने की जरूरत नहीं कि जो जीवन-सत्य है, वह जीवन की ही अभिव्यक्ति है। इस तरह वीणा का गान महावृक्ष का ही गान होगा, लेकिन उसके माध्यम से वह कब गाएगा? निश्चय ही तब, जब साधक जीवन को पूरी तरह अपने को सौंप देगा या उसमें अपने को विलीन कर देगा।

वह महावृक्ष से कहता भी है—'तेरे दोलन की लोरी पर झूमूँ मैं तन्मय'। इस पंक्ति में उपर्युक्त बालक से 'लोरी' की संगति तो ध्यान देने लायक है ही, 'तन्मय' शब्द भी ध्यान देने लायक है। जीवन से दूर रहकर, बिना उसमें मिले, कोई जीवन-सत्य को नहीं पा सकता। असल चीज है जीवन, यानी वह महावृक्ष। वीणा तो उसका निष्क्रिय अंग है, अंगी तो वही है, रस और प्रकाश से भरा हुआ। वह प्रकाश स्मृति का भी है और श्रुति का भी। अज्ञेय ने 'स्मृति' और 'श्रुति' इन दोनों शब्दों का प्रयोग सामान्य अर्थ में किया है, लेकिन इनकी ध्वनि स्मृति-ग्रंथों और श्रुति यानी वेदों तक जाती है। कहा जा चुका है कि इस कविता में जिस दर्शन की प्रेरणा ली गई है, वह महायानी दर्शन हिंदू दर्शन का अविरोधी है। किरीटी-तरु अतिशय प्राचीन है, इसलिए जैसा कि डा. चतुर्वेदी ने लिखा है, उसने अपने भीतर वन्य-जीवन के बहुविध अनुभवों को समो रखा था। इस तरह उसका स्मरण करने का मतलब उसके पूरे अतीत-अनुभव को स्मरण करना है;

उसे अपने को सौंपने का मतलब उसकी पूर्णता में उसे अपने को सौंपना है, उसके अनुभव के पूरे सौंदर्य और पूरी विभीषिका के साथ। यही कारण है कि अज्ञेय ने कविता के अगले चार बंदों में वन्य-जीवन का चित्र खींचा है, जो अपनी सजीवता और आकर्षण में असाधारण है। उसमें से कम से कम दो चित्र अवश्य द्रष्टव्य हैं। पहला चित्र वन के सौंदर्य का है और दूसरा उसकी विभीषिका का। स्वभावत: पहला चित्र कोमल है और दूसरा कठोर। लक्ष्य करने योग्य है कि दोनों चित्र छोटे-छोटे अनेक चित्रों के योग से निर्मित हैं। पहला चित्र :

*हाँ, मुझे स्मरण है :*
*बदली—कौंध—पत्तियों पर वर्षा-बूँदों की पटपट।*
*घनी रात में महुए का चुप-चाप टपकना।*
*चौंके खग-शावक की चिहुँक।*
*शिलाओं को दुलराते वन-झरने के*
*द्रुत लहरीले जल का कल-निनाद।*
*कुहरे में छनकर आती*
*पर्वती गाँव के उत्सव-ढोलक की थाप।*
*गडरिए की अनमनी बाँसुरी।*
*कठफोड़े का ठेका। फुलसुँघनी की आतुर फुरकन।*
*ओस-बूँद की ढरकन—इतनी कोमल, तरल, कि झरते-झरते मानों*
*हरसिंगार का फूल बन गई।*
*भरे शरद के ताल, लहरियों की सरसर-ध्वनि।*
*कूँजों का क्रेंकार। काँद लंबी टिट्टिभ की।*
*पंख-युक्त सायक-सी हंस-बलाका।*
*चीड़-वनों में गंध-अंध उन्मद मतंग की जहाँ-जहाँ टकराहट।*
*जल-प्रपात का प्लुत एकस्वर।*
*झिल्ली-दादुर, कोकिल-चातक की झंकार-पुकारों की यति में*
*संसृति की साँय-साँय।*

इस चित्र के सौंदर्य को प्रकट करने के लिए उसका विश्लेषण कतई आवश्यक नहीं है। बस सिर्फ इस ओर ध्यान दिलाना है कि चूँकि प्रसंग वीणा-वादन का

है, इसलिए केशकंबली के माध्यम से अज्ञेय ने अपना ध्यान सिर्फ नाना प्रकार की ध्वनियों पर केंद्रित किया है। ऊपर किरीटी-तरु का जो चित्र आता है, उसमें भी ध्वनि पर ही कवि का ध्यान केंद्रित है। यहाँ भी पटपट, टपकना, चिहुँक, कल-निनाद, थाप, बाँसुरी, ठेका, फुरकन, झरना, सरसर, क्रेंकार, काँद, टकराहट, प्लुत एकस्वर, झंकार, पुकार आदि सारे शब्दों का संबंध तीव्र या मंद ध्वनि से ही है। 'पंख-युक्त सायक-सी हंस-बलाका'-जैसी पंक्ति में ध्वनि का उल्लेख नहीं है, लेकिन इससे जो चित्र बनता है, उसमें हंसों और बगुलों के पंखों की सरसराहट छोड़े हुए बाण की सनसनाहट-सी सुनाई पड़ती है। ध्वनियों का यह संसार ही वन्य जीवन का संसार है, जिसे अपनी स्मृति के माध्यम से केशकंबली सजीव करता है!

दूसरा चित्र वन के भयानक दृश्यों को सामने लाता है। यहाँ भी कवि का ध्यान ध्वनियों पर ही है। वह चित्र है :

*हाँ, मुझे स्मरण है :*
*दूर पहाड़ों से काले मेघों की बाढ़*
*हाथियों का मानो चिंघाड़ रहा हो यूथ।*
*घरघराहट चढ़ती बहिया की।*
*रेतीले कगार का गिरना छप्-छड़ाप।*
*झंझा की फुफकार, तप्त,*
*पेड़ों का अररा कर टूट-टूटकर गिरना।*
*ओले की कर्री चपत...*
*घाटियों में भरती*
*गिरती चट्टानों की गूँज—*
*काँपती मंद्र गूँज—अनुगूँज—साँस खोई-सी,*
*धीरे-धीरे नीरव।*

चिंघाड़, घरघराहट, छप्-छड़ाप, फुफकार, अरराना, कर्री चपत और गिरती चट्टानों की गूँज, ये सब ध्वनियाँ ही हैं, डरावनी। इस बंद में कुछ कोमल चित्र भी हैं, जैसे 'ऐंठी मिट्टी का स्निग्ध घाम में धीरे-धीरे रिसना' और 'हिम-तुषार के फाहे धरती के घावों को सहलाते चुपचाप।' अज्ञेय को दाद देनी चाहिए कि

उन्होंने मिट्टी के रिसने और घावों को सहलाने की सूक्ष्म ध्वनि भी सुन ली है। अगले बंद में ध्वनि ही ध्वनि है। उदाहरणार्थ :

*मुझे स्मरण है*
*हरी तलहटी में, छोटे पेड़ों की ओट, ताल पर*
*बँधे समय वन-पशुओं की नानाविध आतुर-तृप्त पुकारें;*
*गर्जन, घुर्घुर, चीख, भूँक, हुक्का, चिचियाहट।*
*कमल-कुमुद-पत्रों पर चोर-पैर द्रुत धावित*
*जल-पंछी की चाप।*
*थाप दादुर की चकित छलाँगों की।*
*पंथी के घोड़े की टाप अधीर।*
*अचंचल धीर थाप भैंसों के भारी खुर की।*

गर्जन, घुर्घुर, चीख, भूँक आदि तो ध्वनियाँ हैं ही, चाप, थाप, टाप भी ध्वनिसूचक शब्द ही हैं। इसका क्रम अगले बंद में भी बना रहता है और उसमें आनेवाले एक से एक कोमल और सूक्ष्म दृश्य कोई न कोई ध्वनि ही उत्पन्न कर जाते हैं। सिहरन, गुंजार और झरना क्रियापद का प्रयोग इसके प्रमाण हैं। इस बंद के आखिरी चरण में कवि ने 'लीयमान' शब्द का प्रयोग किया है, जो कि पूरी कविता की अंतर्वस्तु से सामंजस्य रखनेवाला है।

किरीटी-तरुरूपी जीवन की नाना प्रकार के स्वरों के रूप में अवधारणा करनेवाला स्वरसिद्ध केशकंबली तीव्र स्मरण के माध्यम से जीवन को अर्पित होने के बाद जो कुछ कहता है, उस पर ध्यान देना इस कविता के मर्म को समझने की दृष्टि से आवश्यक है। उसके शब्द हैं :

*मुझे स्मरण है*
*और चित्र प्रत्येक*
*स्तब्ध, विजड़ित करता है मुझको।*
*सुनता हूँ मैं*
*पर हर स्वर-कंपन लेता है मुझको मुझसे सोख—*
*वायु-सा नाद-भरा मैं उड़ जाता हूँ।...*

*मुझे स्मरण है—*
*पर मुझको मैं भूल गया हूँ :*
*सुनता हूँ मैं—*
*पर मैं मुझसे परे, शब्द में लीयमान।*

इस उद्धरण में केशकंबली कहता है कि 'हर स्वर-कंपन लेता है मुझको मुझसे सोख'। तात्पर्य यह कि जीवन के प्रति उसका समर्पण स्वर के माध्यम से ही संभव होता है। वही उसके मैं-पन अर्थात् उसकी ऐकांतिकता से उसे मुक्त करता है। विराट् की अनुभूति, वह विराट् जीवन ही क्यों न हो, इसी मार्ग से संभव है। केशकंबली अभी अपने निजी अस्तित्व से छुटकारा पाकर पूरी तरह से जीवन की विराटता में लय हो गया है। वह कहता है कि मैं अपने आपको भूल गया हूँ। मैं शब्द सुन रहा हूँ, पर अपने आपसे परे होकर। इस तरह मैं उस शब्द में पूरी तरह से विलीन हो रहा हूँ। यहाँ पुनः कवि ने 'लीयमान' शब्द का प्रयोग किया है। अगले और उसके नीरव एकालाप से संबंधित अंतिम बंद में भी केशकंबली कहता है : 'मैं नहीं, नहीं! मैं कहीं नहीं!' वह किरीटी-तरु को लगातार 'स्वर-सँभार' और 'नादमय संसृति' कहकर संबोधित करता है और उससे निवेदन करता है कि वह उसे उसकी अकिंचनता को भूलकर आच्छादित कर ले। वह अपने को गूँगा कहता है और यह कामना करता है कि उसके गूँगेपन को किरीटी-तरु के 'सोए स्वर-सागर का ज्वार डुबा ले!' यदि यह कहा जाए कि अज्ञेय कवि थे, स्वयं एक स्वर-साधक, इसलिए उन्होंने जीवन की अवधारणा, भले केशकंबली के माध्यम से, स्वर-संघात के रूप में की, तो वह असंगत न होगा।

अंत में केशकंबली जिन शब्दों में संगीत अवतरित होने के लिए किरीटी-तरु का आह्वान करता है, वह देखने लायक है :

*तू उतर बीन के तारों में*
*अपने से गा*
*अपने को गा—*
*अपने खग-कुल को मुखरित कर*
*अपनी छाया में पले मृगों की चौकड़ियों को ताल बाँध,*

*अपने छायातप, वृष्टि-पवन, पल्लव-कुसुमन की लय पर*
*अपने जीवन-संचय को कर छंदयुक्त,*
*अपनी प्रज्ञा को वाणी दे!*
*तू गा, तू गा—*
*तू सन्निधि पा—तू खो*
*तू आ—तू हो—तू गा! तू गा!*

ध्यातव्य है कि इन पंक्तियों में ताल भी है, लय भी है और वाणी भी। स्वर-साधक की व्याकुलता जब चरमबिंदु पर पहुँच जाती है, तो वह जीवन से भी निवेदन करता है कि वह स्वर में रूपांतरित होकर चरम सान्निध्य को प्राप्त करे, वह हर तरह से अपने को स्वर में खो दे; वह भी नया अस्तित्व प्राप्त करे, वह भी नए सिरे से संभव हो।

साधक के इस व्याकुलतापूर्ण निवेदन के बाद अचानक वीणा झंकृत हो उठती है। कवि के अनुसार उससे जो संगीत अवतरित होता है, वह स्वयंभू है, जिसमें ब्रह्मा का अखंड और अशेष आलोकमय मौन सोया रहता है। 'संगीत' और 'मौन' का विरोध यहाँ ध्यान देने लायक है। संगीत स्पष्टतः स्वर है, लेकिन वस्तुतः वह अँधियारे अंतस् को आलोकित कर देनेवाला 'महामौन' है। ठीक इसी तरह कविता में जिस किरीटी-तरु और उसके वन्य परिवेश को केशकंबली स्मरण करता है, उसमें अपने को विलीन करने के लिए, वह भी कुछ नहीं यानी शून्य है। वीणा के बज उठने की खुशी में जब राजा 'साधु! साधु!' कहता हुआ अपने सिंहासन पर से उतरकर उसकी ओर बढ़ता है, तो वह कहता है :

*श्रेय नहीं कुछ मेरा :*
*मैं तो डूब गया था स्वयं शून्य में—*
*वीणा के माध्यम से अपने को मैंने*
*सब-कुछ को सौंप दिया था—*
*सुना आपने जो वह मेरा नहीं,*
*न वीणा का था :*
*वह तो सब-कुछ की तथता थी—*
*महाशून्य*
*वह महामौन*

*अविभाज्य, अनाप्त, अद्रवित, अप्रमेय*
*जो शब्दहीन*
*सबमें गाता है।*

इन पंक्तियों को इस कविता की केंद्रीय पंक्तियाँ कहा जा सकता है, क्योंकि इन तक पहुँचकर इसका अर्थ पूरी तरह से स्पष्ट हो जाता है। महायान की शून्यवादी शाखा के अनुसार सबकुछ शून्य है। उपनिषदें तो परमात्मा को भी शून्य कहती हैं, जिसकी अनुभूति ज्ञान की सामान्य पद्धति के द्वारा संभव नहीं है, उसे साधना की खास अवस्था में ही जाना जा सकता है, जो कि एक रहस्यात्मक अवस्था है। यहाँ केशकंबली भी कहता है कि 'मैं तो डूब गया था स्वयं शून्य में'। उसकी यह अवस्था ऐसी थी, जिसमें उसने अपने अस्तित्व को वन्य जीवन के संपूर्ण अनुभवों से युक्त किरीटी-तरु को पूर्णतः न्यौछावर कर दिया था। वह राजा से कहता है कि आपने जो स्वर सुना, वह न तो मेरा था, न वीणा का। वह तो वस्तुतः किरीटी-तरु और वन का यथार्थ था, जो महाशून्य और महामौन के अलावा और कुछ नहीं। उसके अनुसार वह महामौन अखंड है, अनात्म है, अद्रवणशील अथवा अभेद्य है और असीम है। है तो वह शब्दहीन, लेकिन सबमें उसी का शब्द, उसी का गान सुनाई पड़ता है। यहाँ आकर शून्य और उसकी अनुभूति के अलावा कुछ शेष नहीं रह जाता है।

आखिर इस शून्य-साधना से क्या फायदा है? अज्ञेय ने यह वीणा के स्वर का श्रोताओं पर जो असर पड़ता है, उसके माध्यम से बतलाया है। राजा को वह स्वर जयदेवी द्वारा गाए जानेवाले मंगलगान के रूप में सुनाई पड़ा, जिसका उस पर यह असर हुआ : 'ईर्ष्या, महदाकांक्षा, द्वेष, चाटुता/सभी पुराने लुगड़े-से झर गए, निखर आया था जीवन-कांचन/धर्म-भाव से जिसे निछावर वह कर देगा।' रहस्यवादी यह नहीं मानते कि उनकी साधना जीवननिरपेक्ष होती है। उनके अनुसार रहस्य-साधना से जीवन-कांचन निखार को प्राप्त करता है और उसके बाद धर्म की चरितार्थता में न्यौछावर हो जाता है। रानी को वीणा का स्वर बादलों में कौंध की तरह दिखलाई पड़ा, जो उसे बतला गई कि सारा राजसी शृंगार और सज्जा अंधकार के कण हैं और प्रकाश एक ही है—प्यार। रानी निश्चय करती है कि सब छोड़कर उसी प्यार को सिद्ध करेगी। अज्ञेय ने लिखा है कि बाकी जितने श्रोता थे, उन्हें जैसे उस स्वर के श्रवण से अपना काम्य प्राप्त हो गया। यहाँ

उन्होंने उसका जो विवरण प्रस्तुत किया है, उसे उनके सधे हुए कवित्व को जानने के लिए देखना जरूरी है। यहाँ जान-बूझकर उससे एक लंबा अंश उद्धृत किया जा रहा है :

*किसी एक को नई वधू की सहमी-सी पायल-ध्वनि।*
*किसी दूसरे को शिशु की किलकारी।*
*एक किसी को जाल-फँसी मछली की तड़पन—*
*एक अपर को चहक मुक्त नभ में उड़ती चिड़िया की।*
*एक तीसरे को मंडी की ठेलमठेल, गाहकों की आस्पर्द्धा-भरी बोलियाँ,*
*चौथे को मंदिर की ताल-युक्त घंटा-ध्वनि।*
*और पाँचवें को लोहे पर सधे हथौड़े की सम चोटें*
*और छठे को लंगर पर कसमसा रही नौका पर लहरों की*
*अविराम थपक।*
*बटिया पर चमरौधे की रुँधी चाप सातवें के लिए—*
*और आठवें को कुलिया की कटी मेंड़ से बहते जल की छुल-छुल।*
*इसे गमक नट्टिन की एड़ी के घुँघरूँ की—*
*उसे युद्ध का ढोल :*
*इसे संझा-गोधूली की लघु टुन-टुन—*
*उसे प्रलय का डमरु-नाद।*
*इसको जीवन की पहली अँगड़ाई*
*पर उसको महाजृंभ विकराल काल!*

इस विवरण में सारी ध्वनियाँ अच्छी ही नहीं हैं, कुछ बुरी भी हैं, जैसे 'जाल-फँसी मछली की तड़पन', 'युद्ध का ढोल', 'प्रलय का डमरु-नाद' और 'महाजृंभ विकराल काल', लेकिन इनका आशय भी बुरा नहीं है। जो दूसरों की पराधीनता की पीड़ा के प्रति संवेदनशील हैं, उन्हें वीणा का स्वर जाल में फँसी हुई मछली की तड़फड़ाहट के समान महसूस होता है और जो धर्म-युद्ध के पक्षधर हैं, उन्हें युद्ध के डंके की चोट की तरह। इसी तरह जो पाप के विनाश के लिए प्रलय के आकांक्षी हैं, उन्हें वह ध्वनि शिव के तांडव के समय डमरु से निकलनेवाले नाद के समान प्रतीत होती है और जो मृत्यु के आकांक्षी हैं, उन्हें विकराल काल

की जँभाई की तरह। जो दशा वीणा के साधक की हुई, वही श्रोताओं की भी। कवि के शब्दों में : 'इयत्ता सबकी अलग-अलग जागी,/संधीत हुई,/पा गई विलय।' यहाँ 'संधीत' शब्द ध्यातव्य है, क्योंकि इसका अर्थ बोध या ध्यान में आने से संबंधित है। साधक की तरह श्रोताओं ने भी महावृक्ष और वन की सत्ता में अपनी सत्ता को विलीन कर दिया। कहा जा चुका है कि अज्ञेय ने शून्य-साधना के प्रभाव को युग-परिवर्तन कर देनेवाला बतलाया है। जो बात लक्ष्य करने योग्य है वह यह कि उन्होंने यह भी कहा है कि 'उठ गई सभा। सब अपने-अपने काम लगे।' इसका मतलब यह है कि उनका ध्यान जीवन से पलायन करने पर नहीं, बल्कि अपने को महाशून्य में लय रखते हुए अपना जीवन-व्यापार चलाने पर है।

## 4

हिंदी की नई आलोचना में 'असाध्य वीणा' की उपेक्षा का कारण इसकी अंतर्वस्तु का रहस्यवादी होना है। जैसा कि संकेत किया जा चुका है, रहस्यवादी भी अपनी पद्धति को पलायनवादी या जीवननिरपेक्ष नहीं मानते। रवींद्रनाथ का उदाहरण हम सबके सामने है। रहस्यवाद व्यक्ति के अहं को एक विराट् सत्ता में विसर्जित करने की प्रेरणा देता है। वह विराट् सत्ता ब्रह्म भी हो सकता है, मिथकीय रूप में संपूर्ण मानवता भी और काल्पनिक रूप में जीवन भी। लेकिन सवाल विराट् में व्यक्ति के सीमित अस्तित्व के विलय का नहीं, उस पद्धति का है, जिससे वह विलय वस्तुतः संभव हो सकता है। यहाँ यह कह देना भी आवश्यक है कि आधुनिक चिंतन सिंधु में बिंदु के पूर्ण विलय को आदर्श स्थिति नहीं मानता। उसके अनुसार आदर्श स्थिति वह है, जिसमें बिंदु अपना अलग अस्तित्व रखते हुए सिंधु की असीमता के अनुभव से युक्त हो। अपना अलग अस्तित्व बनाए रखना जरूरी है, ताकि व्यक्ति अपने पूरे व्यक्तित्व के साथ अपने व्यक्ति-जीवन अथवा समाज-जीवन में सक्रिय हो सके। यदि व्यक्ति ने अपना व्यक्तित्व गँवा दिया, तो उसकी किसी प्रकार की सक्रियता का कोई अर्थ नहीं होगा, क्योंकि वह सक्रियता एक यंत्र की सक्रियता से अधिक कुछ नहीं होगी। रहस्यवादी मनःसाधना या ध्यान के द्वारा विराट् सत्ता में अपने को विलीन करने की बात कहते हैं, जबकि अनुभव यह बतलाता है कि मनुष्य की चेतना का

विकास व्यवहार में अलग रहकर केवल कल्पनालोक में नहीं हो सकता। मनुष्य बदले, विकास करे, जीवन या समाज को समर्पित हो जाए, इसके लिए जरूरी है कि वह कर्मक्षेत्र में उतरे और समाज में जाकर काम करे। 'असाध्य वीणा' के अंत में अज्ञेय ने यह जरूर कहा है कि 'सब अपने-अपने काम लगे', लेकिन सिर्फ इतने से रहस्यवाद की जीवनसापेक्षता सिद्ध नहीं हो जाती। अपने अहं का विसर्जन कल्पना में तो एक साधारण बात है, लेकिन वास्तविकता में एक विकट और जीवनव्यापी प्रक्रिया।

यहाँ मुक्तिबोध का स्मरण आवश्यक है, क्योंकि उन्हें अज्ञेय का एंटी-थीसिस माना जाता है और उनकी कविता 'अँधेरे में' को जाने-अनजाने 'असाध्य वीणा' के विरोध में रखकर देखा गया है। यह सिद्ध करने की आवश्यकता नहीं कि अज्ञेय की कविता जहाँ ऐकांतिक साधना की कविता है, वहाँ मुक्तिबोध की कविता ज्वलंत राजनीतिक अंतर्वस्तु वाली कविता, जिसका सार है फाजिज्म-विरोध, यद्यपि इस कविता की व्याख्या भी कई आलोचकों ने कवि के आत्मसंघर्ष और अस्मिता की खोज की कविता के रूप में करने की कोशिश की है। मुक्तिबोध ने 'कामायनी : एक पुनर्विचार' नामक अपनी पुस्तक में 'कामायनी' के समरसतावादी दर्शन की आलोचना बहुत ही कठोर शब्दों में यही कहकर की है कि वह रहस्यवादी है और इस कारण व्यवहारनिरपेक्ष। ऐसी स्थिति में समरसता की प्राप्ति एक मिथक है, यथार्थ नहीं। स्वभावत: वे सत्-चित्-आनंद की जगह सत्-चित-वेदना की ही बात नहीं करते हैं, उसके पूर्व 'सकर्मक' विशेषण लगाना भी आवश्यक समझते हैं। तात्पर्य यह कि उनके लिए सत्-चित्-वेदना का तभी कोई मतलब है, जबकि वह सकर्मक यानी सक्रिय हो। प्रगतिशील साहित्य में श्रमजीवी वर्ग से एकता स्थापित करने की बहुत बात की जाती थी। मुक्तिबोध ने वहाँ भी कर्मण्यता की बात की और 'गुँथे तुमसे, बिंधे तुमसे' शीर्षक अपनी कविता में कहा :

*वेदना में हम विचारों की*
*गुँथे तुमसे,*
*बिंधे तुमसे,*
*व आवेष्टित परस्पर हो गये*
*कर्मण्य-क्षिप्रा-तीर पर!!*

डा. रामस्वरूप चतुर्वेदी ने इस कविता की व्याख्या इसे एक साहित्यिक कविता मानकर की है और कहा है कि इसमें अज्ञेय के 'रचनादर्शन की सबल अभिव्यक्ति' हुई है। वह 'रचनादर्शन' यह है कि कवि अपने अहं का विलय रचना के विस्तार यानी उसके युग–युग के संदर्भों में करके ही कृतकार्य होता है। किसी भी श्रेष्ठ कविता में अर्थ के अनेक स्तर होते हैं, इसलिए कठोरता के साथ उसे एक अर्थ तक सीमित नहीं रखा जा सकता, यह सही है, और यह भी सही है कि कला–साधना भी किसी हद तक धर्म–साधना की तरह ही है, तथापि डा. चतुर्वेदी कृत इस कविता की व्याख्या से सहमत नहीं हुआ जा सकता, क्योंकि जैसा कि हमने ऊपर देखा है, वह कविता के पाठ से समर्थित नहीं है। दूसरी बात यह कि 'असाध्य वीणा' को 'आँगन के पार द्वार' की श्रेष्ठ रहस्यवादी कविताओं से अलग करके देखना उचित न होगा। इसकी एक कविता में अज्ञेय कहते हैं : 'यह महाशून्य का शिविर,/असीम, छा रहा ऊपर :/नीचे यह महामौन की सरिता/ दिग्विहीन बहती है।' इसी तरह एक दूसरी कविता में : 'अरी ओ आत्मा री,/कन्या भोली क्वाँरी/ महाशून्य के साथ भाँवरें तेरी रची गईं।' कहने की आवश्यकता नहीं कि यही वह मनोलोक है, जिससे 'असाध्य वीणा'--जैसी कविता की सृष्टि हुई है। अज्ञेय का रहस्यवाद सांप्रदायिक नहीं है, क्योंकि वह किसी खास संप्रदाय तक सीमित नहीं है। जैसा कि उन्होंने स्वयं कहा है, उन्होंने मुक्त आकाश की तरह सभी दिशाओं से आनेवाले प्रकाश को ग्रहण किया है। लेकिन इसे लेकर दो राय नहीं हो सकती कि उनकी जीवनदृष्टि भौतिकवादी न होकर भाववादी है।

कविता की सार्थकता अंततः उसके कविता होने में है और वह जब पाठकों पर अपना सौंदर्यात्मक प्रभाव डालने में सफल हो जाती है, तो उसे उसके विचार–दर्शन या विशिष्ट प्रकार के भाव–बोध के आधार पर रद्द नहीं किया जा सकता। कहने की आवश्यकता नहीं कि 'असाध्य वीणा' एक अत्यंत श्रेष्ठ कविता है और अज्ञेय के काव्य में उसका वही महत्त्व है, जो प्रसाद के काव्य में 'प्रलय की छाया' का और निराला के काव्य में 'राम की शक्ति–पूजा' का। यदि डा. चतुर्वेदी भी ऐसा ही मत रखते हैं, तो उससे असहमत होने का कोई कारण नहीं है। अज्ञेय की इस परवर्ती कविता में जैसे उनकी संपूर्ण सर्जनात्मक प्रतिभा अपनी संपूर्ण सिद्धियों के साथ उद्भाषित हो उठी है। इसे प्रत्यक्ष करने के लिए इसके दो–तीन पक्षों पर बहुत विस्तार में न जाते हुए भी दृष्टि डालना आवश्यक है।

'असाध्य वीणा' की जो चीज सबसे पहले प्रभावित करती है, वह है इसमें प्रयुक्त छंद और लय। कुँवर नारायण ने ठीक लक्ष्य किया है कि इस कविता की लय सोलह मात्राओं वाले छंद पर आधारित है। सोलह मात्राओं का छंद तो चौपाई भी है, लेकिन 'असाध्य वीणा' का छंद चौपाईवाले छंद का सहारा लेकर नहीं चलता। वह यदि सहारा लेता है, तो पादाकुलक या पद्धरि छंद का। इन दोनों छंदों में सिर्फ यह अंतर है कि पहले के अंत में जहाँ लघु-गुरु का विधान होता है, वहाँ दूसरे में गुरु-लघु का। निराला ने 'सरोज-स्मृति' में इन दोनों ही छंदों का पूरी स्वतंत्रता लेते हुए प्रयोग किया है। चरणांत में उन्होंने लघु-गुरु या गुरु-लघु की बंदिश को नहीं माना है और आवश्यकता के अनुसार मात्राओं का प्रयोग किया है। उदाहरणार्थ कविता की प्रथम पंक्ति 'ऊनविंश पर जो प्रथम चरण' में ही अंत में लघु-गुरु या गुरु-लघु का प्रयोग न होकर लघु-लघु का प्रयोग है। प्रस्तुत कविता में सोलह मात्राओंवाले उक्त छंदों की लय का आधार तो लिया गया है, लेकिन इसका असली सौंदर्य यथास्थान उस लय को खंडित करके अभिव्यक्ति को गद्य के स्तर पर उतार लाने में निहित है। इसमें अज्ञेय ने आवश्यक विराम से काम लिया है, जिससे कविता में एक साथ पद्य और गद्य दोनों की लय का सौंदर्य संभव हो पाया है। एक उदाहरण से यह बात स्पष्ट होगी। कविता के आरंभ में ही कवि किरीटी-तरु का वर्णन करते हुए कहता है :

*उसके कानों में हिम-शिखर रहस्य कहा करते थे अपने,*
*कंधों पर बादल सोते थे,*
*उसके करि-शुंडों-सी डालें*
*हिम-वर्षा से पूरे वन-यूथों का कर लेती थीं परित्राण,।*
*कोटर में भालू बसते थे,*
*केहरि उसके वल्कल से कंधे खुजलाने आते थे।*
*और—सुना है—जड़ उसकी जा पहुँची थी पाताल-लोक,।*
*उसकी गंध-प्रवण शीतलता। से फण टिका। नाग वासुकि सोता था।*

इस उद्धरण में पाँच स्थलों पर पूर्ण विराम-चिह्न के द्वारा विराम सूचित किया गया है। पूरी कविता में यही स्थिति है। यदि कवि ने पादाकुलक वा पद्धरि छंद पर आधारित कविता की लय में बीच-बीच में विराम न डाला होता और इस तरह

उसमें गद्य की लय न पैदा की होती, तो इस कविता की लय बिलकुल सपाट साबित होती और तब पाठकों पर उसका प्रभाव नहीं पड़ता। कहने की आवश्यकता नहीं कि गद्य की लय अंततः बातचीत की स्वाभाविक लय है, जिससे युक्त कर अज्ञेय ने इस कविता के विषममात्रिक छंद-प्रवाह में नयी लज्जत पैदा कर दी है।

छंद-लय की तरह ही इस कविता की भाषा में भी आकर्षण है। अज्ञेय की प्रसिद्धि इसलिए है कि उन्होंने काव्य-भाषा में संस्कृत शब्दों का प्रयोग कर उसे नई ओजस्विता और गंभीरता प्रदान की, लेकिन इस बात पर ध्यान नहीं दिया गया है कि खास तौर से अपने परवर्ती काल में उन्होंने तद्भव शब्दों का भी छूटकर प्रयोग किया है और अपनी अभिव्यक्ति को एक नई चमक और एक नए रस से भरने की कोशिश की है। कुछ विद्वानों का कहना है कि उनमें यह चीज दिखावे के रूप में है, क्योंकि पिछले दौर में हिंदी की सर्जनात्मक भाषा को आंचलिकता और क्षेत्रीयता का स्पर्श प्रदान करने का चलन रहा है। अज्ञेय-जैसे गंभीर सर्जक पर ऐसा आरोप लगाकर चलते बनना ठीक नहीं है। उससे बेहतर यह है कि उनकी काव्य-भाषा की प्रकृति और उसमें होनेवाले विकास को ठहरकर देखा जाए, क्योंकि कोई भी काव्य-मर्मज्ञ इस बात को स्वीकार करेगा कि तत्सम शब्दों के साथ या उनसे स्वतंत्र रूप में उन्होंने तद्भव शब्दों का जो प्रयोग किया है, उससे निस्संदेह एक नया सौंदर्य संभव हुआ है। ऊपर 'हाँ, मुझे स्मरण है :/ बदली—कौंध—पत्तियों पर वर्षा-बूँदों की पटपट' से शुरू होनेवाला लंबा उद्धरण दिया गया है। उसमें बदली, कौंध, पत्तियाँ, बूँदें आदि प्रचलित तद्भव शब्द तो हैं ही, कूँज (क्रौंच पक्षी) और काँद (क्रंदन)-जैसे अप्रचलित तद्भव शब्द भी हैं, जो संभव है, हिंदी के किसी सुदूरवर्ती क्षेत्र में या उसके पार्श्ववर्ती प्रदेश में प्रचलित हों। निश्चय ही यह हिंदी की काव्य-भाषा को समृद्ध करना ही है। 'कूँजों का क्रेंकार। काँद लंबी टिट्टिभ की'-जैसी पंक्तियों में तद्भव और तत्सम का जो एकत्र प्रयोग किया गया है, वह अलग से अपना सौंदर्य रखता है। अज्ञेय तत्सम शब्दों का प्रयोग करें या तद्भव शब्दों का, वे जो भी करते हैं सुरुचि और शालीनता के साथ। इसका पाठकों के मन पर बहुत अच्छा असर पड़ता है।

नई पीढ़ी के विद्वानों ने सामाजिक यथार्थ के नाम पर भाषागत आभिजात्य के विरोध में आंदोलन चलाया है। ज्ञातव्य है कि भाषा को सीधे वर्ग से जोड़कर

देखना उचित नहीं है। दूसरी बात यह कि भाषा वर्गीय संस्कारों से प्रभावित होती है, लेकिन उच्च वर्गों के सारे संस्कार त्याज्य नहीं होते। सुरुचि और शालीनता यदि यथार्थ को छिपाने के लिए प्रयोग में लाई जाती है, तो वह त्याज्य है, लेकिन यदि वह अभिव्यक्ति के उत्कर्ष के रूप में सामने आती है, तो वरेण्य है। 'असाध्य वीणा' की भाषा को उसकी अंतर्वस्तु के संदर्भ में ही देखना उचित होगा। यह कोई सामाजिक और राजनीतिक क्रांति की कविता नहीं है कि इसकी भाषा में सुरुचि और शालीनता देखकर उससे नाक-भौं सिकोड़ी जाए। यह तो इस कविता की भाषा की उपलब्धि है, क्योंकि यह कवि की अभिव्यक्ति के उत्कर्ष का प्रमाण प्रस्तुत करती है। एक और बात जो ध्यान देने लायक है वह यह कि अज्ञेय की काव्य-भाषा में उच्च कोटि की तराश है, मुक्तिबोध के शब्द लेकर कहें, तो 'ज्यामितिक काट का सौंदर्य'। मुक्तिबोध ने इन शब्दों का प्रयोग खास प्रकार की नई कविता की आलोचना में किया है, लेकिन जरूरी नहीं कि जो चीज उनके लिए काम्य न हो, वह दूसरों के लिए भी न हो। 'ज्यामितिक काट का सौंदर्य' अज्ञेय की काव्य-भाषा की एक अन्य उपलब्धि है, बल्कि संपूर्ण हिंदी काव्य-भाषा की उपलब्धि, ठीक वैसे ही जैसे मुक्तिबोध की अभिव्यक्ति का अनगढ़पन या उसमें पाया जानेवाला कृत्रिम तराश का अभाव।

'असाध्य वीणा' की भाषा में छंद और लय का संगीत ही नहीं है, तीक्ष्ण ऐंद्रियता से संभव होनेवाली चित्रात्मकता भी है। उसमें जो ध्वनि-चित्र हैं, उनकी तरफ ऊपर संकेत किया जा चुका है। यहाँ मैं एक ही और ध्वनि-चित्र की तरफ ध्यान दिलाना चाहता हूँ, क्योंकि उसमें श्रोताओं पर ध्वनि के प्रभाव का भी वर्णन व्यंजित है। प्रसंग उस समय का है, जब 'अलस अँगड़ाई लेकर मानो जाग उठी थी वीणा:/किलक उठे थे स्वर-शिशु।' अज्ञेय कहते हैं :

*नीरव पद रखता जालिक मायावी*
*सधे करों से धीरे धीरे धीरे*
*डाल रहा था जाल हेम-तारों का।*

मानना पड़ेगा कि यह अभिव्यक्ति कालिदास और रवींद्रनाथ के समकक्ष है, जिसे आभिजात्य-विरोधी आंदोलन के प्रभाव में अस्वीकार नहीं किया जा सकता। किरीटी-तरु के भव्य चित्रण का आभास भी हमें मिल चुका है। यहाँ मैं एक

बहुत ही छोटे और कोमल दृश्य-चित्र की ओर पाठकों का ध्यान आकर्षित करना चाहूँगा। वह चित्र है :

*ओस-बूँद की ढरकन—इतनी कोमल, तरल, कि झरते-झरते मानो हरसिंगार का फूल बन गई।*

ओस की बूँद जब नीचे गिरती है, तो पृथ्वी के स्पर्श से हरसिंगार के फूल की आकृति प्राप्त कर लेती है। यहाँ निराला का एक प्रसिद्ध गीत याद आता है, जिसमें उन्होंने कहा है, 'मालती खिली, कृष्ण मेघ की।' यहाँ जल की बूँदें धरती पर आने पर मालती का फूल बन जाती हैं, जबकि अज्ञेय में ओस-बूँद हरसिंगार का फूल। गौर करने पर पता चलेगा कि अज्ञेय की उक्ति में प्रसंगवश अधिक कोमलता है, निरीक्षण की सूक्ष्मता भी। स्थानाभाव में 'असाध्य वीणा' के अन्य दृष्य-चित्र यहाँ प्रस्तुत नहीं किए जा सकते। पाठकों से अनुरोध है कि वे सीधे कविता में ही चित्रों का आनंद लें, जो कि एक प्रदीर्घ चित्रशाला की तरह है। उसकी वीथियों में घूमने से उन्हें जो आनंद मिलगा, वह उन्हें निश्चय ही हिंदी की कोई दूसरी कविता न दे सकेगी।

ऊपर 'लंबी कविता' का जिक्र भी किया गया है और कहा गया है कि 'असाध्य वीणा' में जो कथात्मकता है, वही उसकी संरचना का निर्धारण करती है। कुँवर नारायण ने वर्णनात्मक कविता के लिए उतनी कथात्मकता को अपर्याप्त माना है और कहा है कि उसी के कारण इस कविता में थोड़ी एकरसता आ गई है। उनके कहने का आशय यह है कि यदि इसमें कथातत्त्व पुष्ट होता तो इसमें घटनाएँ घटतीं, जिनसे पैदा होनेवाली नाटकीयता पाठकों को ऊब से बचाए रखती। निस्संदेह इस कविता में एक क्षीण कथा का सहारा लिया गया है, लेकिन इसका स्वरूप वर्णनात्मक कवितावाला नहीं है। इसका आकार लंबा है, लेकिन वस्तुतः यह एक वर्णनात्मक कविता न होकर आत्माभिव्यक्तिमूलक कविता है। आचार्य शुक्ल ने निराला के 'तुलसीदास' को अंतर्मुख प्रबंध-काव्य कहा था। इस कविता में अज्ञेय ने यह कमाल कर दिखलाया है कि यह जितनी ही अंतर्मुख है, अपनी चित्र-योजना के कारण उतनी ही बहिर्मुख। बाहर-भीतर का जो संतुलन उन्होंने इस कविता में साधा है, वह उन जैसे कुशल शब्द-साधक के ही वश की बात थी। जैसे अंगूर के पतले छिलके में उसका रस भरा रहता

है, कथा के बहुत ही झीने आवरण में अज्ञेय ने इस कविता में अपने कथ्य का आधान किया है।

कविता में केशकंबली के आने, उसके वीणा को साधने, उसका राजा-रानी से लेकर राजसभा में उपस्थित अन्य लोगों तक प्रभाव पड़ने और फिर केशकंबली के वन को लौट जाने के साथ राजसभा के उठने के अलावा कोई महत्त्वपूर्ण घटना नहीं घटती, लेकिन अज्ञेय ने बहुत ही प्रवीणता के साथ इस कविता में नाटकीयता संभव की है। इसमें राजा और केशकंबली का संवाद तो है ही, बहुत ही नाटकीय रूप में केशकंबली के एकालाप को प्रस्तुत किया गया है, किरीटी-तरु को संबोधित करने से लेकर अपनी स्मृति का विवरण देने तक। बाद में श्रोताओं पर अलग-अलग जो प्रभाव पड़ा, उसका वर्णन भी कम नाटकीय नहीं है। कविता का समापन भी बिलकुल कथात्मक ढंग से हुआ है। ऐसी स्थिति में कुँवरजी की यह बात बहुत संगत नहीं लगती कि यह कविता किसी हद तक एकरस है। हाँ, डा. नामवर सिंह की इस बात से सहमत हुआ जा सकता है कि लंबी होते हुए भी 'असाध्य वीणा' की मूल संरचना वर्तुलाकार है, इसलिए यह अंततः एक प्रगीत है। प्रगीतात्मक कविता में अनुचिंतन या अनुभूति की प्रधानता होती है, जबकि लंबी कविता ऐतिहासिक घटना की द्वंद्वात्मकता का चित्रण करते हुए आगे बढ़ती है, जैसे मुक्तिबोध की ही कविता 'अँधेरे में'। उसकी तुलना में 'असाध्य वीणा' निस्संदेह एक आत्मपरक कृति है, लेकिन इससे वह जितने महत्त्व की अधिकारी है, उसमें कोई कमी नहीं आती। 'अँधेरे में' की तरह इस कविता ने भी पूर्णता के साथ अपने लक्ष्य को प्राप्त किया है। स्वभावतः उसी की तरह यह भी हिंदी में एक श्रेष्ठ कविता के रूप में मान्य हो रही है।

❑❑❑